# 教室内《スクール》カースト

鈴木翔　解説 本田由紀



光文社新書

# はじめに

## 教室を支配する「地位の差」

人間が出会うと、そこには必ず「値踏み」というものが発動する。同性だろうと異性だろうと一緒。人は相手が自分より「高い」のか「低い」のか見極めようと（というか「分類してしまおうと」）するのである。

そんなことない、私はそういうのと関係ない、と否定したい人もいることだろうが、中学や高校で、この「値踏み」を前提にグループが形成されることまでは否定できないと思う。「高い」子は「高い」子で集まる。その様子を見つつ「中間層」が決まり、そこにもれた子＝ほぼ「低い」子がなんとなく集まる。そうして新学期は始まるのだ。

（豊島ミホ『底辺女子高生』幻冬舎・２００６年、31〜32頁）

あの子は「高い」子で、あの子は「低い」子。あの子は「上」で、あの子は「下」。あるいは、「イケてる」「イケてない」なんて言葉でもかまいません。学校生活を過ごす中で、人間関係の「地位の差」のようなものを感じたことはなかったでしょうか。

なぜ、ギャルグループは、あんなにも幅をきかせているのか。なぜ、サッカー部は教室で実権を握っているのか。なぜ、モテる子はモテない子を馬鹿にしたり、見下したりしてもいいような空気になっているのか。なぜ、おしゃれで異性とも気さくにおしゃべりができる、まさに今どきの若者的な子たちは、アニメの話を楽しそうにしている子を教室全体に響き渡るくらいの大きな声で馬鹿にしたりできるのか。例を挙げるときりがありません。

いやもちろん、誰もがみな、そうだったわけではないし、そうじゃない学校もきっとたくさんあるはずなのですが、こうしたことが遠い世界の話ではなかった人も少なくないのではないかと思います。

そもそも、年齢や役職にばらつきがある集団ならば、個人間に「地位の差」があることはなんとなく理解することができます。けれど、このような「地位の差」は、たとえば学校の教室のような同学年の子が集められた場でも容易に感じとることができます。というか、なぜかそっちのほうが意識しやすい環境にあるような気さえしてくるから不思議です。

学校のクラスというのは、多くの場合、同じ地域の同じ年齢の生徒が寄せ集められただけの集団です。特別な事情のある子を除けば、年齢の差は最大で３６４日。とるに足らない差です。

当然、学校の先生やお父さん、お母さん方が、「この子たちは、あなたなんかよりもランクが上の生徒なんだから敬《うやま》いなさい！」なんて教えることもないでしょうから、わたしたちはどうしてこんな「地位の差」を感じてしまうのか、ますます不思議に思えてきます。

ではいったいなぜ、わたしたちはこんな「地位の差」を感じてしまうのでしょうか。

自分が学校に通っていたころをちょっと思い返して考えてみてください。あれは何の差だったのでしょう。

学校の成績？　顔？　女（男）ウケ？　運動神経？　コミュニケーション能力？　それとも、天下の文部科学省様が掲げる「生きる力」なんて呼ばれるものでしょうか（「生きる力」ってなんだよ！　アバウトすぎるだろ！　と突っ込みたくなってしまいます）。

ある程度おとなになってからこんな話をすると、「そんなこと考えてたんだ。性格悪《わる》っ！」とか「被害妄想なんじゃないの？」なんて言われてしまいそうで、なかなか言い出せなかったりするのですが、考えれば考えるほど、この構図の存在する理由はわからなくなってしまいます。

おそらく、多くの人がうすうす気づきながらも決して口にはしないこの問いを、本書ではアンケート調査とインタビュー調査の分析から、少しずつひもといていきたいと思います。

いちおう本書は、「研究」というスタンスをとっているつもりです。少し専門的になりますが、9ページから調査の手続きと概要をまとめてありますので、調査の方法が気になる方は参照していただければと思います。

**本書の構成**

本論に進む前に、本書の構成についてご説明します。

ここまで示してきたような、同学年の児童や生徒の間で共有されている「地位の差」を、本書では「スクールカースト」と呼びます。第1章ではまず、『スクールカースト』とは何か?」ということを今いちど確認していきたいと思います。

続く第2章では、なぜ今、「スクールカースト」のメカニズムを明らかにする必要があるのか、日本の学校と社会の現状を振り返りながら、問題を焦点化していきます。

そして、第3章から第5章は、「スクールカースト」の秘密を解く、本書のメインになる部分です。

より詳しく言うと、第3章と第4章は、現役の大学1年生に、回顧的にこれまでの学校生活（小学校・中学校・高校）の経験を振り返ってもらい、彼らの視線から見える「スクールカースト」の世界を分析していく章になります。

彼らが生きてきた世界は、おとなたちが考えるよりもずっと複雑でわかりづらく、一度たりとも失敗が許されない過酷な場です。そこを生き抜くためには、彼らなりのルールがあって、その内側で非常に高度な戦略を用いて生活しています。その様相を描くのが、第3章と第4章です。

続く第5章は、「おとな目線」からの「スクールカースト」の世界を分析する章です。「スクールカースト」というのは、最初に言ったとおり、同学年の児童生徒どうしで形成されるものですが、そこに介入できる唯一のおとながいます。それは学校の先生です。

学校生活を過ごすうえで、教師が児童や生徒に与える評価や言動は、彼ら（児童生徒）の自己意識や学校生活のあり方に大きく影響を及ぼしていることは想像に難《かた》くありません。さっき、ツイッターを見ていたら、「#教師から受けたひどい言動」というハッシュタグがありましたから、きっとそれだけ教師の言動は心に届きやすいのだと思います。

教師が、いったいどのような視点で「スクールカースト」を見ているのか、そして、彼らの人間関係にどのような影響を与えているのかについて、分析を行なうのがこの章です。

最後に第6章では、本書の知見をまとめて、「スクールカースト」とはいったい何なのかを、今いちど考察してみたいと思います。また、そこから導き出される知見から、今後「スクールカースト」とどのように付き合っていけばいいのかを考えていきたいと思います。

そして最後に、東京大学大学院教育学研究科の本田由紀教授に、本書への解説をお願いしました。本田由紀ファンの方は、そちらからチェックするのもいいかもしれません。

では、少しずつ「スクールカースト」の世界をのぞいてみましょう。そこにはどんな世界が待っているのでしょうか。

## 三つの調査の概要

**【中学生を対象にしたアンケート調査】「神奈川県の中学生の生活・意識・行動に関するアンケート」**

調査主体：東京大学教育学部比較教育社会学コース・Benesse 教育研究開発センター
調査期間：２００９年10月下旬から２０１０年１月中旬
調査対象：神奈川県の公立中学校（23校）の中学２年生
有効回収数：２８７４名（男子50・９％、女子49・１％）、有効回収率は83・２％
調査対象の選定方法：神奈川県を４つのブロックに分け、それぞれから市を抽出し、さらにその中から対象となる中学校を選定。
調査方法：①教室内における集合調査法と、②教室内で配布した調査票を後日学校に持参してもらう方法を併用。
「スクールカースト」地位の代理指標：「スクールカースト」地位の代理指標としては、「クラスの人気者だ」という自己評価による指標を用いる。「とてもあてはまる」＋「まああてはまる」を上位（14・８％）、「あまりあてはまらない」を中位（48・５％）、「まったくあてはまらない」を下位（36・６％）として設定する。「スクールカースト」の地位を３つの地位に分けた理由は、インタビュー調査の中で語られる「上」や「下」、もしくは「１軍」や「３軍」といった分け方に最も適合的であると考えられたからである。

## 【大学1年生を対象にしたインタビュー調査】「これまでの学校生活の人間関係に関する回顧的調査」

調査期間：2010年10月上旬から2011年9月上旬

調査対象：首都圏の大学に通う大学1年生10名（男子5名、女子5名）。うち1名のみが中高一貫の私立女子校出身、そのほかの9名は公立の中学・高校出身。高校の入試難易度は各層にばらけており、全員が普通科出身である（うち1名は普通科芸術コース出身）。

調査対象の選定方法：最初の調査協力者は知人を介して紹介してもらい、そのほかの9名は、スノーボールサンプリングにより、次のインタビュイー（インタビューをされる人）を紹介してもらった。

インタビューの形式：事前に質問項目を用意し、インタビュイーの回答によっては、深く質問を掘り下げていくこともある、半構造化インタビューを採用。

インタビューの時間：1人あたり1時間～4時間半

記録方法：ICレコーダーで録音し、それをもとにトランスクリプトを作成。

「スクールカースト」についての問い方：インタビューでは、「スクールカースト」という言葉をこちらから用いず、小学校から高校までの学校生活の中で、同学年の人間関係の中で見えた「立場の強弱」をインタビュイーの用いる言葉に寄り添って自由に語ってもらっている。

※インタビューデータを引用する場合には、調査協力者の名前はすべて仮名とし、その中で人物名、地域名、および学校名などが登場する場合は、すべて仮名表記にする。対象者を大学1年生としたことには、積極的な理由と消極的な理由がある。積極的な理由は、小学校から高校までを経験してきた大学生を対象とすることによって、それぞれの学校段階の経験を比較しながら、それぞれの時点での人間関係の差異を詳しく聞き出すことができるということである。消極的な理由としては、もし現役の小・中学生および高校生へのインタビューを行なった場合には、いじめなどの負の学校経験を持つ（あるいは経験中の）者にとっては、このインタビューの質問内容は

心の傷に触れるような場合も少なくないということである。調査倫理の原則から、調査テーマ自体が調査対象者の心理的負担や不快感をともなう場合には、細心の注意を払い、ときには調査方法や対象者の見直しをする必要がある。今回の調査では、それに該当する場合が考えられるため、現役の小・中学生および高校生へのインタビュー調査ではなく、大学1年生への回顧的なインタビュー調査を実施している。

**【現役の教員を対象にしたインタビュー調査】「勤務校の児童生徒の人間関係に関する調査」**

調査期間：2010年10月上旬から2011年9月上旬
調査対象：首都圏の公立小中高（専門高校、定時制高校含む）に勤務する教員4名（いずれも20代男性4人）
調査対象の選定方法：調査対象者はすべて筆者の知人
インタビューの形式：事前に質問項目を用意し、インタビュイーの回答によっては、深く質問を掘り下げていくこともある、半構造化インタビューを採用。おおよその項目は、大学1年生を対象にしたインタビュー調査「これまでの学校生活の人間関係に関する回顧的調査」と比較可能な形で設定してある。
インタビューの時間：1人あたり3時間～3時間半
記録方法：ICレコーダーで録音し、それをもとにトランスクリプトを作成。
「スクールカースト」についての問い方：インタビューでは、「スクールカースト」という言葉をこちらから用いず、担当する学年の人間関係の中で見えた「立場の強弱」を、インタビュイーの用いる言葉に寄り添って自由に語ってもらっている。

※インタビューデータを引用する場合には、調査協力者の名前はすべて仮名とし、その中で人物名、地域名、および学校名などが登場する場合は、すべて仮名表記にする。インタビューの対象として、この教員4名を選んだ理由は、まず幅広い学校種と発達段階の担当を経験している教員を対象にすることにより、それらを比較するこ

とによって、この問題を捉えることができると考えたからである。また、インタビュー対象者には専門高校の教員や定時制高校の教員を含む。よって、２名の教員の勤務校は他の学校とは違う学校の様子であることがうかがえる。そのうち専門高校のほうでは、３年間クラス替えがないため、固定化した学級集団が生徒の人間関係にどのような影響を与えるのかを精緻に検証することが可能になる。また、定時制高校のほうは、過年度卒業生の入学者（中学を卒業してから時間が経った入学者）が少なく、インタビュイーが担任を持つ学級は、すべて同一年齢で構成されているため、同年齢の集団内の現象としての「スクールカースト」の様相をみるのに適している。

また、懸念としては、対象となるインタビュイーがすべて筆者の知人であることが、オーバーラポール（過度な信頼関係にあること）の状態にあたるのではないかという問題がある。しかし、オーバーラポールの問題が懸念されるのは、対象者に完全に同一化しすぎることと、結果の公表にためらいを感じること、この2点の理由からであるところが大きいと考えられる。本調査では、インタビュイーにあらかじめプライバシーの厳守を約束し、「教職経験のない筆者に学校の様子を教えてほしい」という名目で調査を依頼しているため、この問題は、本書ではあまり障害にはならなかったと考えることができる。むしろ「普通ならこんなこと話せないだろうけど（笑）」（インタビュー対象者の教員）というように、普段は表立って口にはしないが、インタビュアー（インタビューをする人）とインタビュイーのラポール（信頼しあえる状態）の形成があるからこそ、得られたデータも数多くあると思われる。これらのことから、本書の問題関心の検証のために、インタビューの対象を先述の教員４名に設定することは、妥当であると考えることができる。ただし、インタビュー対象者の少なさや、対象者が筆者の知人である男性若手教員だけに限定されていることは、本調査の大きな問題点であることは間違いない。そのため、今後さらなる調査の必要性がある。

# 目次

第1章

# 「スクールカースト」とは何か？

## （1）マンガ・小説の世界に見る「ランク」付け

### 値踏みしあう登場人物

最近、いろいろなマスメディアの中でも、小学生や中高生がクラスメイトを値踏みし、「ランク」付けしているということが言われてきています。

たとえば、本書の冒頭で引用した豊島ミホさんのエッセイ『底辺女子高生』では、自らの高校時代を振り返り、クラスメイトから「低い」存在だと思われることが、いかに辛い体験であったかが、さまざまなエピソードを挙げながらリアリティを持って描かれています。

豊島さんは小説家ですから、その様子をとても上手に、そしてコミカルに描いていますが、当時は死活問題とでもいうべき大きな問題だったということが、文章からひしひしと伝わってきます。自分のことを「底辺女子高生」なんて呼んでいるのが非常に印象的です。

ほかにも、高校を舞台にしたものとしては、小説すばる新人賞を受賞した、朝井リョウさ

安野モヨコ『花とみつばち』第５巻（講談社）p.82, p.84　ⓒ安野モヨコ／講談社

んの小説『桐島、部活やめるってよ』（集英社・２０１０年）、『ハッピー・マニア』（祥伝社・１９９６年）や『働きマン』（講談社・２００４年）で有名なマンガ家、安野モヨコさんの『花とみつばち』（講談社・２０００年）、大島永遠《とわ》さんのマンガ『女子高生Girls-High』（双葉社・２００６年）などがあります。

特に『桐島、部活やめるってよ』は、２０１２年に映画化され、広く話題になりましたから、知っている人も多いのではないかと思います。

こうしたクラスメイトどうしの「ランク」付けが描かれる作品は、高校を舞台にしたものだけではありません。木《こ》堂《どう》椎《しい》さんの小説『12人の悩める中学生』（角川書店・２００８年）では、中学校を舞台とし、同じクラスの12人の生徒の視点から、自分の「ランク」に応じた行動をとらなければならないという葛藤をありありと描いています。クラスで起きる出来事の捉え方が、「ランク」によってこうまで違うものかと驚き、そのリアルな描写に感心してしまいました。

さらに、数は少ないですが、もっと低年齢である小学生の「ランク」付けのありようをテーマとした作品も存在しています（次良丸忍《じろまるしのぶ》『大空のきず』小峰書店・1999年など）。

## 小中高生にとってはあたりまえのテーマ

これらの作品の登場人物に共通するのは、決して何か表立って公式に発表されたり、数値で示されたりしたわけではないクラスメイトの「ランク」を、クラスのメンバーが、ある程度正確に共有していて、生徒がそれぞれ見えない力で「ランク」に見合った行動をとるように強制されているということです。

どうやら、クラスメイトの「ランク」付けが、マンガや小説などのマスメディアの作品で描かれるということはさほど珍しいことではないようです。

こうした作品の中の登場人物は、だいたい「ランク」が「下」にみなされることをよいことだと思っておらず、「上」にいることをよいことだと考えています。ですから、この「ランク」の上昇の物語自体が作品のテーマとなっていることも、さほど珍しくありません。

白岩玄『野ブタ。をプロデュース』（河出書房新社）

朝井リョウ『桐島、部活やめるってよ』（集英社）

特に有名なのは、白岩玄さんの小説『野ブタ。をプロデュース』（河出書房新社・２００４年）でしょう。２００５年には亀梨和也さん主演でドラマ化され、人気を博しました。

『野ブタ。をプロデュース』では、修二（「ランク」の高い生徒）が、みんなから見下されている「ランク」の低い生徒（野ブタ）の「ランク」を上昇させることがストーリーの主軸になっており、そのエピソードがやはりコミカルに描かれています。

また逆に、クラスの中で、高い「ランク」の生徒が低い「ランク」に転落することを主題にして、このことが主人公にとって、切実な問題として描かれているマンガもあります（竹内文香『ある日突然ハブられた』集英社・２００７年など）。

さらに、こうした構造をマンガの中で客観的に説明しているものもあります。先述した『女子高生 Girls-High』では、登場人物が実際に図を用いて、わかりやすくクラス内のグループの力関係を説明しています（右図）。

大島永遠『女子高生 Girls-High』第５巻（双葉社）p.32


こうした作品を見ていると、小説やマンガの中で、クラスメイトの間に「ランク」付けのようなものが存在していて、その「ランク」を上げたり下げたりすることは、あたかも説明不要で当然のことのように起こりえているような感覚になってきます。

実際、こうした作品が世間に受け入れられている背景には、当の小学生や中高生たちが、「ランク」付けにある程度リアリティを持っているということがあるのかもしれません。

では、当の小学生や中高生ではなく、おとなたちは、この「ランク」付けについて、どのように考えているのでしょうか。

## （2）メディアで語られはじめた「カースト制」

### 「スクールカースト」の誕生

クラスメイトのそれぞれが「ランク」付けされている状況。これはメディアや教育評論家の間で、「スクールカースト」と呼ばれています。

インドの伝統的な身分制度になぞらえて「カースト」。さらに学校特有のものだから「スクールカースト」。

この言葉は、僕が考えた言葉ではないのですが、初めて聞いたとき、うまい言葉を作るものだなあとすごく感心しました。感心しすぎて、本書のタイトルにしてしまったほどです。

この「スクールカースト」は、じつは学術的な用語ではなく、公の文書の中で登場することはまずありません。だけど、インターネットで検索してみると、なぜ？　と思うほど大量のページがヒットします。このこと自体が、「スクールカースト」という言葉の普及のしかたを物語っているとも言えるのかもしれません。

ここからは、本書のタイトルにもなっているこの言葉が、どのような背景のもとに生まれた言葉なのか、少し説明していきたいと思います。

僕が知る限り、この言葉が最初に紙面に載ることになったのは、2007年に出版された教育評論家の森口朗《あきら》さんの『いじめの構造』（新潮社・2007年）という本の中です。

この本の中で、森口さんは、「『いじめモデル』に一層のリアリティを持たせるために（中略）『スクールカースト（クラス内ステイタス）』という概念を導入」（41頁）していたと言っています。つまり、いまだに明らかにならない「いじめの仕組み」を明らかにするために、

「スクールカースト」という概念を持ち出してきたというわけです。
森口さんは、「スクールカースト」の定義を以下のように設定しています。

　スクールカーストとは、クラス内のステイタスを表す言葉として、近年若者たちの間で定着しつつある言葉です。従来と異なるのは、ステイタスの決定要因が、人気やモテるか否かという点であることです。上位から「一軍・二軍・三軍」「A・B・C」などと呼ばれます。（41～42頁）

この定義によると、どうやら「スクールカースト」は、「人気や『モテ』」を軸とした序列構造だということです。
なるほど。これまで、人気やいわゆる「モテ」などは、「いじめ」と密接に関係すると言われながらも、あまり大々的に取り上げられることはありませんでした。ですから、こうした新しい視点により、いじめのモデルを明らかにしようとした森口さんの功績は非常に大きいものなのだと思います。

### ネットに登場し、共感により広まる

では、森口さんはどこから「スクールカースト」の情報を集めたのでしょう。

じつはそのことについて、森口さんは本の中であまり詳しくは言及していません。「近年若者たちの間で定着しつつある言葉」（41〜42頁）とは言っているけれども、どこで定着・普及した言葉なのかということに関しては、本の中でいっさい触れていないのです。

そして、言葉の出自に関しても説明はありません。ですから、ここからはあくまで推測にすぎないのですが、おそらく森口さんは、インターネット上で「スクールカースト」に関しての情報を収集していたのではないかと考えられます。

なぜかというと、『いじめの構造』の出版後、朝日新聞出版発行の『ＡＥＲＡ』という雑誌の中で、「スクールカースト」という言葉を生み出したとされる人物が、自分の体験をもとに、インターネット上にこの言葉を登録したと語っているからです。

少し長くなりますが、本書のタイトルにもなっている以上、「スクールカースト」の生みの親が、どのような経緯でこの言葉を世に送り出したのかを確認しておきたいと思います。

そうだ、ピエロだ。

中学に入る直前、「キャラ変え」を決意した。

システムエンジニアのマサオさん（29）は「12歳だった自分」を思い出す。

小学校時代、友だちができなかった。家でただ一人、テレビゲームに没頭した。ゲームセンターに行けば、毎日毎日、全国トップのハイスコアをたたき出した。でも、満たされない。友人がいない負い目。友だちが欲しかった。

かといって、仲間を引きつけるリーダーシップなんてない。だからこそ、中学入学を機に、キャラ変え。行き着いた先は、「いじられキャラ」を演じることだった。

（中略）

ピエロになって、クラス内の人気者になった。まさに、教室の中では主流グループ。グループのメンバーは、頭がいいわけでもなく、運動神経バツグン、ってわけでもない。ただ、場の雰囲気を盛り上げられ、クラス内の「空気」を作っていける生徒たち。そんな集団に、確かにいた。

だが、すぐに様子が変わった。トイレの個室に閉じこめられホースで水を掛けられたり、教室で裸にされツバを吐きかけられたりするようになった。「いじられキャラ」がエスカレートし、いつしか、「いじめられキャラ」に変わっていたのだ。

周りから、気持ち悪がられた。遺書も書いた。だが、耐えるしかなかった。

公立高校に進学した。でも、突然、「いじり役」に変われるはずもない。クラス内で存在すら認められないグループには、属したくないという一心だった。

数カ月後、マサオさんに、同じクラスの女子生徒が言った。

「このクラスの人間って1軍、2軍、3軍に分けられてるよね」

俺は何軍なんだ？　答えがわからない。確かなのは、居場所もない孤独な学校生活。

そして高校2年生の時、学校をやめた。

マサオさんは2年ほど前、インターネット上に言葉を登録し、説明文を編集できるサイトに、実体験を基にこう書き殴った。

「主に中学・高校で発生する人気のヒエラルキー（階層制）。俗に『1軍、2軍、3軍』『イケメン、フツメン、キモメン（オタク）』『A、B、C』などと呼ばれるグループにクラスが分断され、グループ間交流がほとんど行われなくなる現象」

こうして、「スクールカースト」という言葉ができた。

（森慶一「学校カーストが『キモメン』生む——分断される教室の子どもたち」『ＡＥＲＡ』２００７年11月19日号）

この情報が確かであれば、「スクールカースト」という言葉を生み出した人物は、『ＡＥＲＡ』がインタビューに成功した「システムエンジニアのマサオさん（29）」だということです。そして、マサオさんがインターネット上に登録した言葉が、多くのネットユーザーに徐々に共感され、それに関する記事が複数生まれました。

その情報をもとにして、森口さんが『いじめの構造』として出版し、普及するようになっていったというようなことが考えられます。

**チェックリストでは見えてこない、カーストの構造**

ちなみにこの『ＡＥＲＡ』には、実際に中高生の子どもがいる保護者向けに「スクールカースト」の「チェックリスト」なるものも掲載されています。１軍のチェックリストにあてはまる項目が多ければ、１軍。３軍のチェックリストにあてはまる項目が多ければ、３軍というわけだそうです。

「わかるわかる」とうなずく人もいれば、「くだらない」と思う人まで、いろいろな人がいることでしょうが、自分の経験と照らし合わせながら読んでみると、わかりやすいかもしれません。

■あなたの子どもは1軍？　それとも3軍？　チェックリスト

【1軍、Aランク特徴】

○サッカー部、バスケ部、野球部のいずれかに所属
○遠足のバスは最後列を仲間内で占拠
○休み時間はクラスで仲間と騒いでいる
○学級委員や生徒会など面倒な仕事はCランクに押し付ける
○バラエティー番組で、クラスの笑いを取るネタの研究をしている
○制服を改造したりインナーを変えるなど、工夫している
○童貞（処女）でない（高校生）

【3軍、Cランク特徴】

○文化部、または卓球部に所属
○修学旅行や体育の時間にグループ分けで余る
○休み時間に居場所がなく、寝たふりをしている
○外見を気にしない（髪形や眉毛の手入れ、ニキビのケアをしていない）
○卒業アルバムの寄せ書きは余白が多い
○異性とコミュニケーションが取れない
○オタク趣味がある

（森慶一「学校カーストが『キモメン』生む――分断される教室の子どもたち」『ＡＥＲＡ』２００７年11月19日号）


これを見て、みなさんはどのようなことを思うでしょうか。

僕はというと、中高生の「スクールカースト」の実情をこのチェックリストで把握するのは、ちょっと難しいんじゃないかなあという印象を受けます。

その理由は大きく分けて二つあります。

一つ目としては、このチェックリストは言い得て妙で、自分の経験と照らしてみると納得

してしまいそうになるのですが、チェック項目の有無だけで「スクールカースト」の「地位」を測ることができるかどうか、疑問を感じてしまう、ということです。

なぜなら、この「チェックリスト」が「スクールカースト」の多様性や複雑性を大きく無視してしまっているように思えるからです。つまり、数は多くはないかもしれないけれど、1軍の「チェックリスト」から外れたとしても、「スクールカースト」の上位に位置づく生徒がいる、もしくはその逆の場合もある、という可能性を考えていないということです。

文化部に所属していたとしても上位に位置づいていた生徒や、逆にサッカー部に所属していたとしても下位に位置づいていた生徒を僕は知っていますし、きっと全国の中学や高校には、もっといっぱいいいるはずです。

仮にそうしたことを考えれば、「スクールカースト」は、この「チェックリスト」で測定できるような、単純な構造を持っていないということが想定できると思います。

また、学校段階（小学校か中学校か高校かということ）や、学年、性別、学校ランク（進学校か、進路多様校か）といった違いに目を向ける必要もありますし、「スクールカースト」のランクは途中で変化するのかしないのか、ということも気になるところです。

そしてもう一つの理由は、このリストを見ても、なぜ「スクールカースト」というものがクラスメイトの中で維持されていくのか、ということへの答えがわからないということです。

じつはよく考えてみると、この「チェックリスト」には、理解に苦しむような項目が含まれていることに気づかされます。

たとえば、1軍の「チェックリスト」項目の「面倒な仕事はCランクに押し付ける」なんていうのがそれに当たります。

これももちろん、実感レベルでは納得してしまいそうになるのですが、よくよく考えてみると、ふつふつと疑問がわいてきます。なぜならば、「面倒な仕事を押し付け」られて、やすやすと引き受けてしまう、「Cランク」の生徒たちの心境がまったくわからないからです。「Cランク」の生徒は、何のメリットがあって、そんな「面倒な仕事を押し付け」られて、当然のように引き受けているのでしょうか。みんなよりもボランティア精神に富んだ、心の優しい生徒だとでもいうのでしょうか。

いいえ、きっとそんなことはありませんよね。だいたいの人が「面倒」だと思う仕事は、「Cランク」だろうがそうでなかろうが、「面倒」な仕事のはずです。

そうして考えてみると、「Cランク」の生徒には、どうやら何か断れない事情があるように思えてなりません。

「それが『スクールカースト』なんだよ。不思議でしょ」と言ってしまうのは簡単ですが、本書では、こうした問題にも答えを見つけていきたいと思っています。

## (3)「スクールカースト」の何が問題なのか?

### 息苦しい教室は何を生み、何をはばむのか

ここまで読んで、「こんなの、どこにだってあることだよ! 何か問題でも?」と思った人もいるかもしれません。

確かに、クラスの中に人気のある生徒と人気のない生徒がいて、グループが分かれているということは、容易に理解できますし、そこには何も問題はないようにも思えます。

しかし、これまで「スクールカースト」が生徒の学校生活に与える影響として、おとなたちから、次の2点が指摘されてきています。

まず、「スクールカースト」地位の中で下位に置かれた生徒は、クラスメイトから身分の

低い存在、つまり目下の存在だと見なされて、いじめの標的になりやすくなるということ。
そしてもう一つは、たとえいじめにあわなかったとしても、自分に自信をなくし、学校生活への適応に大きな影響を及ぼすということです（森口朗『いじめの構造』新潮社、土井隆義『キャラ化する／される子どもたち』岩波書店・２００９年）。

もし、学校の中にこうした状況があるのだとしたら、「スクールカースト」は、いじめられているいないにかかわらず、どんな生徒にとっても、クラス内の居心地の悪さを規定する要因となっている可能性があり、解明すべき重要な課題の一つだと考えることができます。

けれども、これまで学級集団の人間関係の問題を解明しようとした多くの研究は、「いじめ」の問題ばかりを取り上げ、「いじめではない」と判断されるような人間関係の問題には、さほど立ち入ろうとはしてきませんでした。

ですから、「スクールカースト」のような、「いじめ」かどうか判断がつきにくい問題は、「ささいなこと」とされ、解明すべき重要な問題として捉えられてこなかったきらいがあります。そのため、この仕組みがどのような基準において成り立っていて、生徒の学校生活へどれほど、そしてどんな影響を与えているのかということには、ほとんど関心が向けられてはこなかったのです。

もちろん、「スクールカースト」を語るおとなたちはたくさんいますが、それらの言説の多くはきちんと検証されることなく、勝手な思い込みで語りつがれていく傾向があります。

現代っ子に特有の「コミュニケーション能力」が支配する世界だとか、キャラクターの問題だとか、進学校ではそうしたことは起こらないだとか、女子に顕著だとか……。

そうした類《たぐい》のことがほとんど根拠のないまま、とにかく適当に語られていく傾向が見られるということです。

それらの議論の中には、非常に重要な指摘があることも事実ですが、もう少し踏み込んだ検証をしなければ、「スクールカースト」とは、こういうものだ！　というようなことは言えないのではないかと思います。

**「いじめ」の文脈をはずして、検証してみる**

また、「いじめ」の仕組みを説明するうえで、「スクールカースト」がその要因として登場することは、たびたびありましたが、「いじめ」の文脈をはずした状況で「スクールカースト」が検証されることは、ほとんどありませんでした。

もし、「スクールカースト」が、いじめられている生徒だけでなく、いじめられていない生徒にとっても、学校生活を送るうえで重要な要素をはらんでいるものだとしたら、なおさら、「スクールカースト」それ自体を一度突き詰めた形で検証してみることが必要でしょう。

とはいえ、ここまで読んでみて『「スクールカースト」があること自体がすでにいじめみたいなもんじゃん」なんて思った人もいるかもしれません。

だけど僕は、厳密に言うと、「いじめ」と「スクールカースト」があることとは、完全に同じことではないと思っています。もっと言うと、「いじめ」だと認識される問題の多くは、「スクールカースト」があることによる弊害の一部なのではないかと思っています。

次の第2章では、これまでの研究がどのようなことを明らかにしてきたのかを振り返りながら、「スクールカースト」と「いじめ」の違いを詳しく見ていきます。

そして、そのあとで「スクールカースト」を検証することの意義をあらためて確認します。

第2章の大部分は、大学のレポート課題や卒論などでいうところの「先行研究の検討」の節にあたります。僕は学術書や論文を読むとき、この「先行研究の検討」を読むのが、すごく億劫《おっくう》になることがあります。内容はシンプルですごく勉強になることが書いてあるのに、なぜか文体が異常に難解だからです。

ですからこの本では、そんなことにならないよう、いちおう、「研究なんか興味ねえよ」なんて人にもわかるようにできるだけ工夫して書いたつもりです。それぞれの研究の詳細を知りたい方には物足りないかもしれませんが、参照する文献は挙げておきますので、興味のある方はそちらを読んでみることをおすすめします。

……ということなので、「スクールカースト」の実態だけに興味がある人は、第2章をとばして、第3章（83頁〜）にページを進めてください。

第2章

# なぜ今、「スクールカースト」なのか?

## （1）「いじめ」と「スクールカースト」の間

### 「スクールカースト」と「いじめ」は似ている？

よく、「なぜこんな研究をしているの？」と聞かれることがあります。

その答えは、きっと僕自身が「スクールカースト」にとても敏感な生徒だったからでしょう。あのころに抱いていたもやもやとした劣等感の根本は何だったのか。あと少しで30歳を迎えようとしているのに、いまだにそんなことをずっと考えているのです。我ながら、ちょっとまずいんじゃないかなあと思ってしまいます。

まあそんなことはいいとして、もう一つよく聞かれるのが、「いじめの研究をしているの？」ということです。どう答えるか、けっこう悩んだりするのですが、「いじめの研究」とはちょっと違うような気がしています。

なぜ違うかって？　それは、「いじめ」という言葉、そして行為が、非常にあいまいな意味合いを多く含むと感じているからです。

たとえば、2011年に起きた大津市のいじめ自殺事件では、多くの生徒が「いじめ」だと認識しているような行為があったにもかかわらず、学校側が『いじめ』としての認識はなかった」と記者会見で発表し、大きな話題になりました。

おそらく、この言葉の裏には、『いじめ』だと認識していれば、学校側も対処できたが、教員間にそうした認識がなかったから対処できなかったのだ」という意味合いが含まれているのだと考えることができます。

この言葉が真意かどうかということが現時点で争点になっていますが、『いじめ』であったかどうか」を争点としている以上、結論は出ないのではないかと思っています。なぜならば、先にも述べたように、「いじめ」という言葉が非常にあいまいな言葉で、「悪ふざけ」や「いじり」などの行為と明確な区別がつかないからです。

もちろん「いじめ」にも定義はあります。とてももっともらしい定義です。

しかし、どんなことでもあてはまりそうな「もっともらしい言葉」には、「都合のいいように置き換えられて解釈されてしまう」という危険性がともないます。

このような言葉を、「マジックワード」と呼びます。直訳すると「魔法の言葉」とでもいったところでしょうか。だいたいの人が理解している言葉だけれど、突き詰めていくと、だんだんうまく説明できなくなってくる「魔法の言葉」です。

では、なぜ「いじめ」が「マジックワード」になりつつあるといえるのか。そして、なぜ「スクールカースト」のような関係性を「いじめ」の関係性として語るべきではないのかを、これまでの議論を振り返りながら、少しずつひもといていきたいと思います。

## 「いじめ」の定義

まずは、『「いじめ」の定義』について考えてみましょう。

先ほども言ったとおり、「いじめ」には定義があります。一番有名なのは、文部科学省が設定している定義です。

定義がありますから、もちろん、理論上では数を把握することが可能です。図2－1に示したのが、文部科学省が公表している「いじめ」発生（認知）件数の推移になります。図2－1を見ると、「いじめ」の発生件数が不自然に増減しているのがわかると思います。特に著しく増加しているのは、1994年と2006年です。

この二つの年は、どうやら「いじめ」が大流行したようですね。と、言いたいところです

図2-1　いじめ発生（認知）件数の推移と定義の変遷

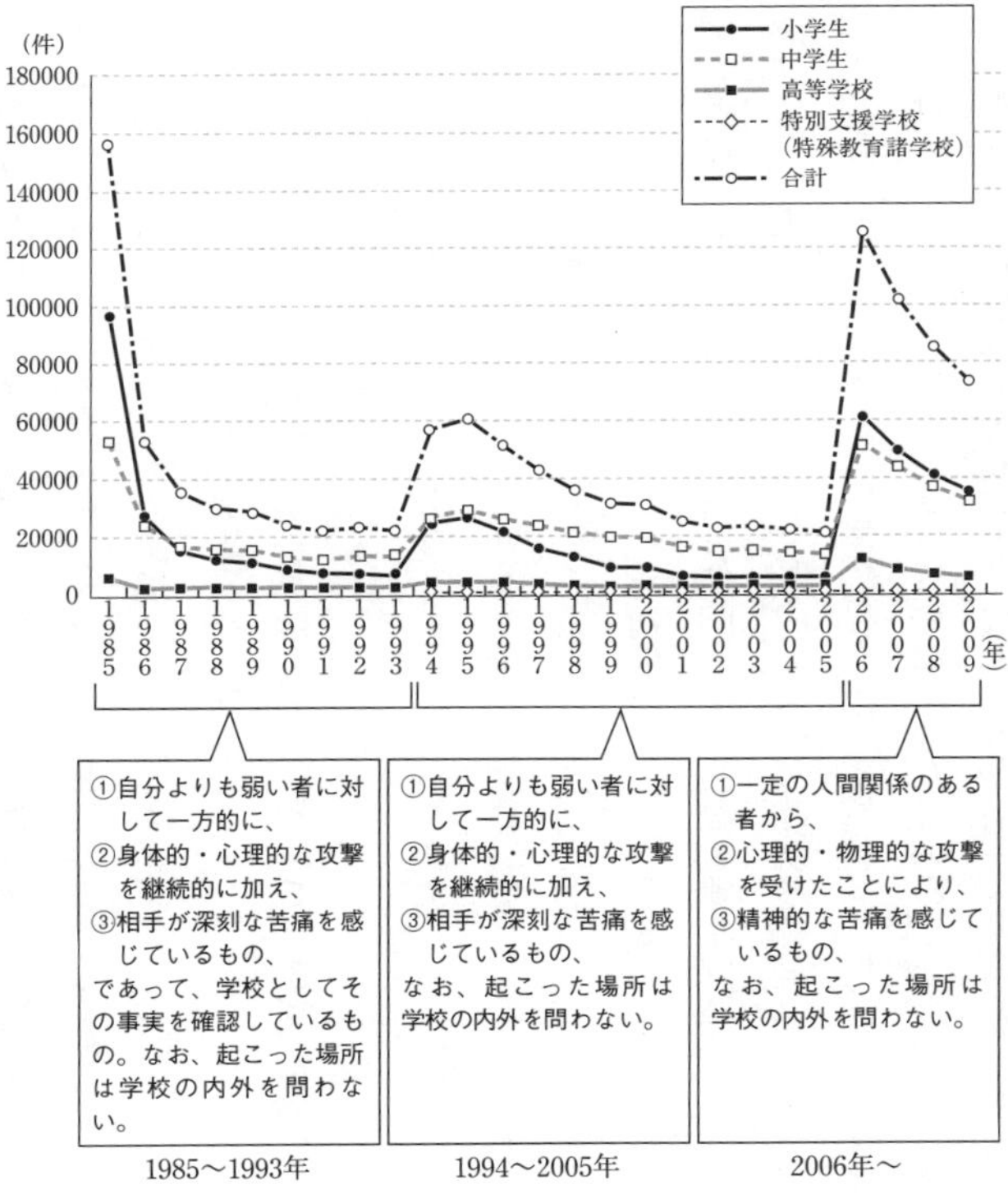
小学生
中学生
高等学校
特別支援学校
（特殊教育諸学校）
合計
（件）
180000
160000
140000
120000
100000
80000
60000
40000
20000
0
1985
1986
1987
1988
1989
1990
1991
1992
1993
1994
1995
1996
1997
1998
1999
2000
2001
2002
2003
2004
2005
2006
2007
2008
2009
（年）
①自分よりも弱い者に対して一方的に、
②身体的・心理的な攻撃を継続的に加え、
③相手が深刻な苦痛を感じているもの、
であって、学校としてその事実を確認しているもの。なお、起こった場所は学校の内外を問わない。
1985～1993年
①自分よりも弱い者に対して一方的に、
②身体的・心理的な攻撃を継続的に加え、
③相手が深刻な苦痛を感じているもの、
なお、起こった場所は学校の内外を問わない。
1994～2005年
①一定の人間関係のある者から、
②心理的・物理的な攻撃を受けたことにより、
③精神的な苦痛を感じているもの、
なお、起こった場所は学校の内外を問わない。
2006年～

出典：文部科学省「いじめの認知（発生）件数の推移」（2012年）

が、おそらくそれは違います。というのも、じつは「いじめ」の定義が変化したのが、1994年と2006年であったため、学校や児童生徒が「いじめ」に対して敏感になっていたことが推測できるからです。その証拠に、定義が変化した次の年からは、徐々に「いじめ」は減少傾向にあることが十分に見てとれます。

とにかく、少なくともこの図からだけでも、「いじめ」を数で把握することには限界があることに気づかされるでしょう。

ただし、定義の変遷《へんせん》からはとても学ぶことがあります。文部科学省が「いじめ」をどのように捉えているかを顕著に表しているのが、「定義」だと考えられるからです。

では、「いじめ」の定義はどのように変化していったのか、見ていきましょう。

まず「いじめ」が社会問題となった初期のころ（1985年ごろ）の定義は、「①自分よりも弱い者に対して一方的に、②身体的・心理的な攻撃を継続的に加え、③相手が深刻な苦痛を感じているもの、であって、学校としてその事実を確認しているもの」となっています。

初期の認識ではとにかく、「学校がその事実を確認している」ことが重要であり、それ以外のものは「いじめ」とは認識されていなかったということがわかります。

一方、1994年以降の定義では、ほとんど文面に変化はないものの、「学校としてその事実を確認しているもの」という一文が削除され、誰が「いじめ」を認識していても、「いじめ」だと認められるようになりました。

さらに2006年には、「いじめ」は「自分よりも弱い者に対して一方的に」することではなく、「一定の人間関係のある者」がすることだと認識されるようになったことがわかります。

「一定の人間関係」というのは、これもまたあいまいな言葉ですが、同級生であったり、部活動などで一緒に活動する人だったり、「知っている人」という意味のものです。

ですから、「コンビニで知らないおじさんから罵倒《ばとう》されて深く傷ついた」としても、「いじめ」だとは認識しませんよ、という意味合いだと解釈できます。

この2006年の定義の変化で特に重要なのは、「自分よりも弱い者に対して一方的に」という部分が削除されたことです。何が「弱い」のか、そしてどういった状況が「一方的」と呼べるのかを抜きにして、「被害者」側が「精神的に苦痛」であれば、「いじめ」だと認められるようになったことは、「被害者」にとって、優しい定義に変遷していったことだといえるでしょう。

このような定義の変遷の裏側には、じつは「いじめ」が少しずつ研究により解明されてきたことも関係していると考えられます。

そこで、次からは、「いじめ」の解明がどのように進んでいったのかを見ていきたいと思います。

## 「いじめ」はみんなが作る

「いじめ」の歴史は決して古くありません。少なくとも日本で、「いじめ」という言葉が普及し、社会問題となったのは、１９８０年代半ばごろの話です。

具体的には１９８６年。「このままじゃ生き地獄になっちゃうよ」という遺書を残して男子中学生が自殺した、東京都中野富士見中学校の「葬式ごっこ事件」がきっかけだと言われています。いじめられている生徒の机に花を置き、クラスのみんなで葬式をするという「葬式ごっこ」が、新たな「いじめ」の手法として認知されたのも、この事件がきっかけです。

「いじめ」はこのころ、学術研究の対象としても、脚光を浴びることになります。

では、初期の研究は、「いじめ」のどのような点を明らかにしようとしたのでしょうか。

このころに行なわれた初期の研究のいくつかを見てみると、いじめる子どもはどういう子どもで、いじめられている子どもはどういう子どもなのか、つまり「加害者」と「被害者」の特徴を明らかにしようとした類《たぐい》の研究が大半を占めていることがわかります。

このことから、社会問題化した当初、「いじめ」は「加害者」と「被害者」の間だけで生じる問題だと思われていたということが推察できます。このあたりは「いじめ」をどう見るかという問題とも関わってきそうなので、ここでは深入りしませんが、実際に手を下す「加害者」と、手を下される「被害者」に焦点を当てて、「いじめ」を解明しようとするというのは、非常にまっとうなアプローチであるように思えます。

では、これらの初期の研究でわかったことは何だったのか。

じつは、これらの研究が明らかにしたのは、「加害者」や「被害者」の特徴は、いまいちよくわからないということでした。

もちろん、ある程度、その傾向を見出したものはいくつかありましたが、「加害者」と「被害者」が逆転することが発見（？）され、それぞれの特徴を見出すことは難しいという結論にいたったのです。

確かに、「加害者」と「被害者」は固定的なポジションではありませんから、その変化を考えずに個々の特徴だけ取り出すというのは難しかったのだと思います。

そうした初期の研究の中で異彩を放ったのが、森田洋司さんと清水賢二さんの「いじめ集団の四層構造」論です（森田洋司・清水賢二『いじめ』金子書房・１９８６年）。この研究

図2-2　いじめ集団の四層構造

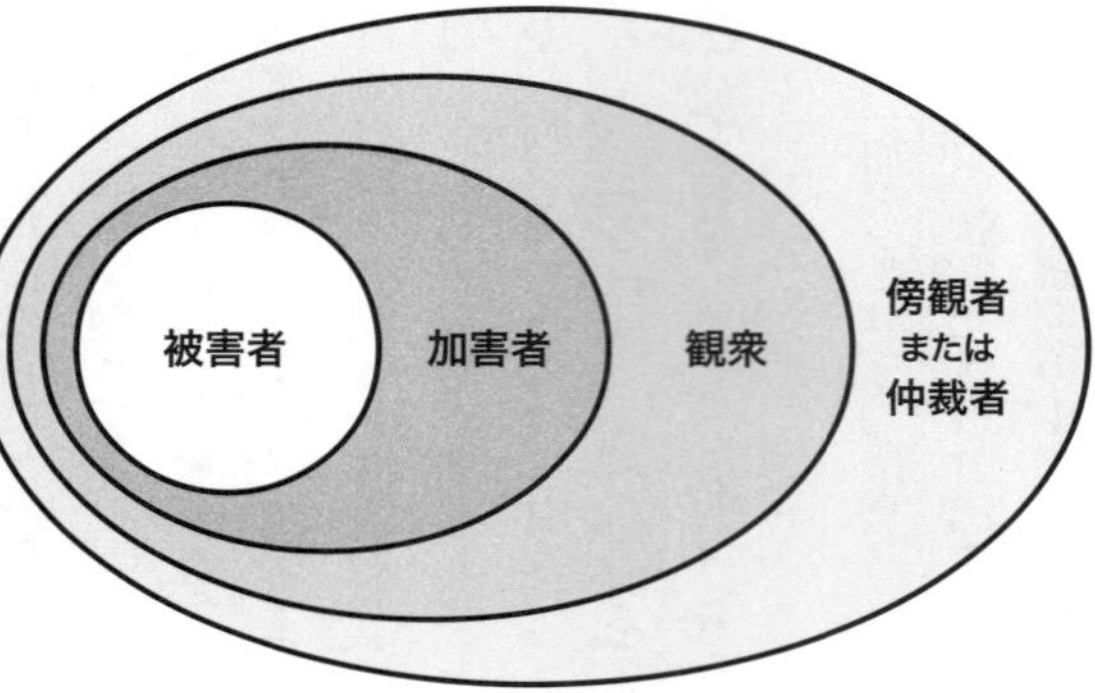


出典：森田洋司・清水賢二『新訂版いじめ』金子書房（1994年）、p.51の図を簡略化

は、それまでにあったような「加害者」と「被害者」それぞれの特徴を見出そうというものではなく、「いじめ」の構造それ自体を明らかにしようとした、当時としては斬新《ざんしん》な視点を持つものでした。

いわく、「いじめ」を作るのは「被害者」と「加害者」、そしてそれを見てはやし立てる「観衆」と見て見ぬふりをする「傍観者」、それらが四層に重なり、「いじめ」が成立するというのです（図2−2参照）。

そして「いじめ」が起こらないとすれば、「傍観者」層が「仲裁者」層に変わったときなのだといいます。

また、この「いじめ集団の四層構造」論は、ただ単に提唱されただけではなく、他の論文でのアンケート調査の分析からも、その確からしさが裏付けられていて、今なお説得力を持つ非常にすぐれた理論であると考えられています（滝充《みつる》「〝いじめ〟行為の発生・推移状況に関する実証的研究」『教育学研究』第59巻第1号・1992年など）。

ちなみに、日本では中学校においで「いじめ」が多発するとされているのですが、その原因は、小学校に比べて中学校では、「仲裁者」となるような生徒が「傍観者」から生まれないことが原因であることも明らかにされています（橋本摂子《せつこ》「いじめ集団の類型化とその変容過程」『教育社会学研究』第64集・1999年）。

## 「いじめ」は教室で起こる

さらに「いじめ」に関する調査を見てみると、どうやら日本の「いじめ」は、海外に比べて「教室」で多く起こることがわかります（図2―3参照。滝充「いじめの方法・場所」森田洋司監修『いじめの国際比較研究』金子書房・2001年）。

絶対的な優劣関係が生じやすい、学年を超えた「縦のつながり」の場面（たとえば部活動など）ではなく、同じ学年の児童生徒が集められた「教室」で「いじめ」が多く起こるというのは、他の国には見られない大きな特徴です。

図2-3　いじめの発生場所の国際比較

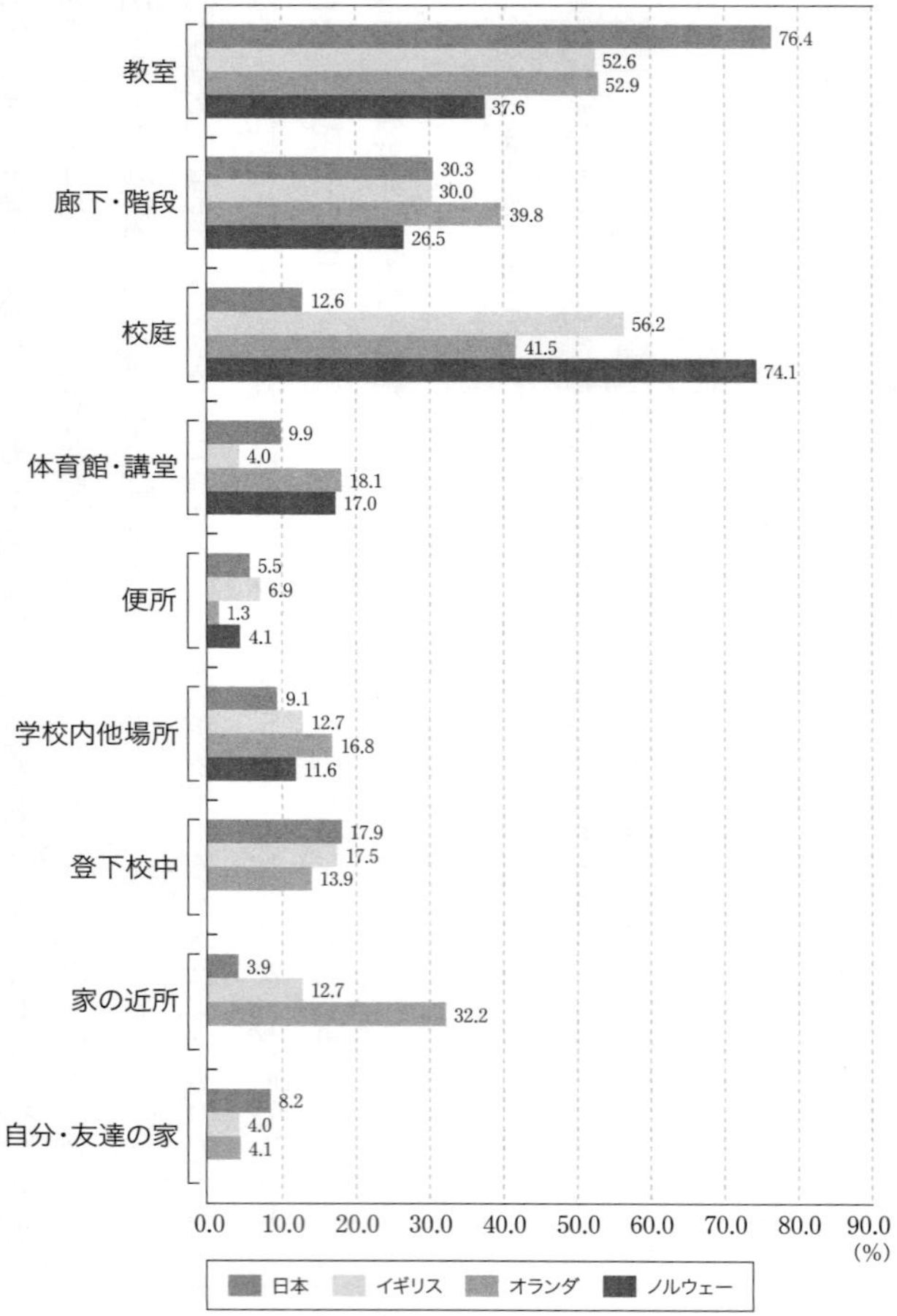


出典：森田洋司監修『いじめの国際比較研究』金子書房（2001年）、p.62,p.64を統合

では、日本の「いじめ」はどうして「教室」で起こりやすいのでしょう。

それは一つには、日本の「いじめ」の主流が「コミュニケーション操作系」の「いじめ」であることが挙げられます。

社会学者の内藤朝雄《あさお》さんは、「いじめ」を「暴力系のいじめ」と「コミュニケーション操作系のいじめ」に分類しています（内藤朝雄『いじめの構造』講談社・２００９年）。「暴力系のいじめ」というのは、文字どおり「殴る蹴《け》る」や「金銭を脅《おど》し取る」などの身体的な攻撃を与えるような「いじめ」です。一方、「コミュニケーション操作系のいじめ」というのは、いわば「シカト」や「悪い噂を流布《るふ》させる」といった、「被害者」の学校生活でのコミュニケーションのあり方を制限させるような「いじめ」です。

周知のとおり、日本の学校というのは、なぜだかよくわからないまま、かなり長い時間、決められた部屋の中の決められた席で、決められたメンバーと、クラス替えや席替えが行なわれるまでずっと過ごさなければなりません。

「コミュニケーション操作系」の「いじめ」が日本で蔓延《まんえん》している理由には、こうした「閉じた空間」とでも呼べるような空間のあり方が関係している可能性もあります。

ちなみに、内藤さんは、「暴力系の『いじめ』」は学校内で法律を徹底させることにより、解決できるのではないか」と提唱しています。つまり、学校内であっても「傷害」や「窃《せっ》盗《とう》」、「器物破損」などが起こった場合、学校の中で解決しようとせず、警察を介入させるべきだというのです。

日本の学校では、たとえ法に触れた行為が行なわれたとしても、それが学校内で起きたことであれば、学校内で解決しようとしてしまう傾向がありますから、そこに警察を介入させることで「暴力系のいじめ」が解決するかもしれないというのは、非常に納得できます。だとすると、深刻なのは、やはり日本の学校で広く蔓延しているとされる、「コミュニケーション操作系のいじめ」であると考えるのが妥当でしょう。

先に述べたように、教室という「閉じた空間」で大部分の時間を過ごさなければならない日本の学校は、効率的に知識を伝達しやすいという利点がある一方で、「コミュニケーション操作系のいじめ」を生み出しやすいという副作用を持っているように思えます。

歴史的に振り返っても、日本の学級集団は、「同一年齢や同一能力に均質化され、教室という同一空間の中で、同一知識内容が同一時間に一斉に、同一教師によって教えられる」(柳治男「学級と官僚制の呪縛」『教育社会学研究』第59集・1996年)という、管理する側にとっての効率を最も重視したシステムであるため、児童生徒側の人間関係の都合はあまり考えられていなかったようです。

特に義務教育は、長らく「全員が最低限の教育を」ということをモットーにしてきましたから、そこで児童生徒の人間関係の問題までは考慮されなかったのは、ある意味当然だと考えることができます。

しかし、人間関係の問題を考慮に入れると、学級集団は、クラス替えのときがくるまで逃げられない檻《おり》のようなシステムであることに気づかされます。そこで耐えられない人間関係が生まれたとしても、個人の力で変えることは不可能だからです。

ですから、この問題を解決するために、自分の責任でカリキュラムを選択する「個人カリキュラム化」を提唱している研究者もいます（堤清二・橋爪大三郎『選択・責任・連帯の教育改革【完全版】』勁草書房・1999年など）。

「個人カリキュラム化」というのは、自分で受けたい授業を選択して、教室を固定せずに、科目ごとに教室を移動して、科目ごとに履修するメンバーが変化するようなカリキュラムのことです。大学の授業の選択システムを思い浮かべてみるとわかりやすいでしょうか。

とにかく、学級集団というシステム自体が「いじめ」の温床となっており、その解体を「いじめ」の根本的な解決と考えている研究者は決して少なくありません。

## 「いじめ」はなくならないから、ケアをすればよい――スクールカウンセラーの登場

ただし、学級集団を解体して、新しいシステムを開発しようとすると、先生方に多大な負担がかかりますし、人間関係の問題さえ目をつぶれば、学級集団自体は非常に効率的なシステムですから、なかなか解体しようという動きは起きません。それは、先ほども言ったように、コストの問題であるところが大きいように思います。

では、システムを変えずに「いじめ」を解決するにはどうすればよいのか。

そこで考えられたのが、「スクールカウンセラー」を学校に配置し、いじめられた児童生徒の心のケアをするというものでした。「いじめ」がなくならないなら、「いじめられた人」をケアしてあげればいいじゃない！という発想です。

もちろん「スクールカウンセラー」の役割はそれだけではありませんが、当時、「いじめ」は心の問題とする考え方が多数派でした（伊藤茂樹「『心の問題』としてのいじめ問題」『教育社会学研究』第59集・1996年）ので、この機能に多くの期待が寄せられました。

今現在もなお、学校には次々に「スクールカウンセラー」が配置されています。

ただし、これで「いじめ」が解決したのかというと、そうではありません。というのも、

傷ついたらケアをしなければならないというのは当然なのですが、それ以前に、「誰も傷つかないようにするためにはどうすればいいのか」を考えることをやめてしまうのは、大きな問題だからです。

「傷ついたらケアをすればよい」という考え方は、暗黙のうちに「いじめ」の発生を是認していて、「いじめ」の発生の根本を断絶しようとはしていません。

このことは、当時から、教育社会学者の藤田英典《ひでのり》さんも指摘している問題です（藤田英典『教育改革』岩波書店・１９９７年）。藤田さんによれば、「いじめ」の根本的な解決を目指すためには、「その原因ないしは背景に対処する」ことが必要だといいます。

## 「いじめ」は楽しい

２０００年代に入ると、藤田さんのいう「原因ないしは背景」の解明に果敢に取り組んだ研究が現れます。先にも登場した内藤朝雄さんの、「いじめの社会理論」です（内藤朝雄『いじめの社会理論』柏書房・２００１年）。

内藤さんは、これまでタブーとされてきた「いじめをするのはなぜ楽しいのか」や「なぜ気持ちがいいのか」ということを明らかにしようとした研究者です。

内藤さんいわく、学校は「いじめ」をするには格好の舞台になるそうです。なぜならば、学校は集団の和を非常に重んじる場で、和を乱した者には罰が科せられて当然だからです。

みんなで文化祭の準備をしているとき、一人だけ用事があって帰ってしまった生徒がいたとします。その生徒はしかるべき理由（たとえば、両親が共働きで、かわりに弟を保育園に迎えに行かなければならなかった、など）があったとしても、クラスメイトからものすごい批判を受けるかもしれません。

もちろん、社会の中では、職場やその他の場でも、理不尽な批判を浴びることは多々ありますが、そうしたことが他の社会よりも許容されやすい状況にあるのが、学校だということだそうです。

内藤さんはまた、何らかの「欠如」を経験した児童生徒が、リアリティのある「全能感」を得るために、「いじめ」が行なわれるということも述べています。

弱い者を支配することにより得られる「全能感」。もともと均質だとされる学級集団の中で、まわりよりも優位に立つことは、彼らにとって他の集団内で優位に立つことよりも、なおさら全能感を与えてくれる出来事となりうるのかもしれません。

## 「いじめ」の作り方

ここまで、特に有名な研究を抜き出しながら、「いじめ」研究を見てきましたが、だいたいざっくり結論をまとめると、『『いじめ』はいじめる側からすれば、とても楽しく、まわりから見ても良いことで、『被害者』は教室という逃げられない空間に閉じ込められて逃げられず、中学校以降の段階では、『仲裁者』が現れることはほとんどない。ただし、いじめられた場合、スクールカウンセラーが心のケアをしてくれるから、安心してよい』、ということになりそうです。

なるほど。それならば、学校に「いじめ」が蔓延することは、ごくあたりまえで自然な出来事のように思えてきます。しかも、スクールカウンセラーがいじめられた子の心のケアをすべく待機していてくれます。それに、今や「いじめ」は立派な社会問題ですから、「いじめ」だという認識さえ得られれば、先生やご両親、友だちが、いろいろ協力してくれる可能性は大いにあります。

しかし、そう簡単に、「いじめ」を「いじめ」だと認めてもらうことはできるのでしょうか。いじめられた子どもが「自分がいじめられています」と語ることは、果たして容易なのでしょうか。

以下は『フルーツバスケット』というマンガで、過去にいじめられた経験がある女の子が、当時の心境を振り返って言うセリフです。これを読んだ後輩が、名言だと絶賛していました。確かに、このセリフは、いじめられている子の気持ちをとてもうまく表現していると思います。

このセリフを見ると、少なくともいじめられている子どもが親に助けを求めるのは、非常に難しいということが伝わってきます。親子関係がうまくいっている子どもなら、きっとなおさらでしょう。

言えないです…　「イジメられてる」なんてやっぱり…　言いづらいです……（中略）

イジメられるような自分が情けなく思えてきて

それをお母さんに知られたのが恥ずかしくて

もし　そんな自分が嫌われたらどうしようと考えたら　怖くて　怖くて

そんな自分を知られたくなくて　必死に虚勢を張って　隠そうとして

そんな自分が　もっと情けなくて　恥ずかしくて

（高屋奈月『フルーツバスケット』第5巻、白泉社・2000年、88〜90頁）

高屋奈月『フルーツバスケット』第5巻（白泉社）p.88, p.89　ⓒ高屋奈月／白泉社

先日のいじめ自殺事件を振り返ると、身近な人からは「いじめ」であると思われていたものが、じつは「いじめ」ではないと判定されてしまうことが十分にありうることがわかります。

それに、「いじめ」だと認識されない、いわば「いじめチックなこと」（「悪ふざけ」や「いじり」など）は、「加害者」だけでなく「被害者」にとっても、「いじめ」であるかどうかの判断は難しいように思われます。

もちろん「いじめ」は大きな社会問題ですが、「いじめ」が「いじめ」だと認識されないことには、現状では、何の対策も講ずることができません。

それに、研究者たちによる「いじめ」のメカニズムの解明も、あまり進めることができないのです。

## 「いじめ」か「いじめじゃない」かはもう関係ない！

先に説明したように、「いじり」や「悪ふざけ」などの、いわば「いじめチックなこと」は、おとなたちから「ささいなこと」だと判断されてしまう可能性がかなりあります。その「ささいなこと」が「いじめ」であるかどうかは、その行為自体の内容の問題ではなく、「認識」の問題であるようです。

そうであれば、これ以降、同様の問題を引き起こさないためには、「いじめ」と認識されるかどうかはひとまず置いておいて、なぜだかよくわからないけれど強い立場にいる児童生徒と、なぜだかわからないけれど弱い立場にいる児童生徒のような関係性が、どうして同学年の児童生徒間で生じているのかを、今いちど、検証しなおす必要があると考えられます。

これら「いじめチックなこと」が、「いじめ」であるかどうかはもはや関係ありません。「いじめ」の根本的な解決、そして解明を目指すためには、「いじめ」と認識されるかされないかは関係なく、行為それ自体を対象として検証すべきだと思うのです。

特に、同学年の児童生徒間でそうしたことが普通に起こっているならば、なおさらです。先ほども言ったとおり、教室は檻《おり》のようなものになりえるからです。

このように考えてみると、本書が対象とする「スクールカースト」は、そうした状態に、より近い現象だと考えられないでしょうか。本書で得られた知見は、今までの「いじめ」研究者が扱うことができなかった、行為そのものの発生のメカニズムの解明にも一役買うことができそうです。

それに、教育現場に入ると、自他ともにはっきりと認識できる、教科書通りの「いじめ」は、今やかなりのレアケースになっているような気がします。

### 小さな出来事の積み重ね——それを分析する視点

「いじめ」でなくとも、なんとなく下に見られているような感覚。「加害者」はもちろんのこと、「被害者」ですら、「これ、いじめか？」と思うようなことの連続で、学校生活は成り立っています。

たとえば、２００３年に史上最年少の19歳で芥川賞を受賞した綿矢りささんの小説『蹴りたい背中』（河出書房新社）の66～67頁には、こんな場面があります。

ふと背後に気配を感じて振り向くと、クラスの男子がカーテンの裾《すそ》をまくり、小さいペットボトルに入ったお茶を飲みつつ私を見ていた。

彼はペットボトルから口を離し、濡《ぬ》れた唇のまま私に言った。

「教室のクーラー、今日から解禁なんだ。で、窓開けられると、クーラーで冷やした教室が台無しになるんだよ。窓からすぐ近くのあんたは涼しいだろうけど。閉めて。」

にな川とは全然違う、低くてゆっくりな、ふてぶてしい声。無言で頷《うなず》くと、男子は素早くまたカーテンを引いた。すぐに言われた通りに窓を閉め、鍵《かぎ》までかける。


（中略）


さっきの男子の態度、あれは同級生じゃなく、一段低い者への態度だった。掃除当番を押しつけようとしている感じ、といおうか、こちらが萎縮《いしゅく》して当然と思っている態度。にな川がクラスメイトにああいう態度を取られているのには気づいていたけれど、まさか自分にまで及んでいるとは。

主人公のハツが、クラスの男子に窓を閉めてほしいと言われて、窓を閉める。それだけのことです。ただ、その態度が「こちらが萎縮して当然と思っている態度」であった、というだけ。これをいったいどのように説明したら、ハツの学校での息苦しさがわかってもらえるでしょうか。

「スクールカースト」の中で感じる劣等感、そして優越感さえも、きっとこうした小さな小さな事柄の積み重ねでできています。おとなたちから見れば、非常にささいなことかもしれませんが、彼らにとって、学校は行くことが当然で、逃げることが難しい場所ですから、こうしたことが「ささいなこと」では済まされないということも容易に想像できます。

こうした現状を考えると、学校はどのような意味を持つ場なのか、ということを、今いちど考え直さずにはいられません。彼らはいったい、「学校へ何をしに行っているのか？」……そう言い換えることも可能だと思います。

いったい彼らにとって、学校とはどのような場所なのか。彼らの学校に対する価値観はどうなっているのか。そうした視点は、「スクールカースト」を考えるうえでも非常に重要になります。

なぜならば、学校へ行く目的が、みな一様に「いい就職をすること」「いい大学へ行くこと」「いい高校へ行くこと」だとしたら、「スクールカースト」のような人間関係上の問題は学校では起こりづらいと考えられるからです。

今、学校に通う／通うべきだとされる彼らにとって、学校の人間関係上の問題はささいな問題なのか。それともそうではないのか。

そのことを考えるには、彼らがどんな価値観を持って、学校に通っているかということを考えてみる必要がありそうです。とりわけ、このような問題は、「生徒文化」という研究領域で追究されてきました。

次節からは、これまでとは少し視点を変えて、これまでの日本の生徒文化研究を参考にしながら、彼らが「学校に行くこと」にはどんな意味があるのか考えていきたいと思います。

## （2）学校という空間――なぜ、学校に行くのか？

### 学校に行く意味とその役割

どうして学校に行かなきゃいけないの？　多くの人が一度は考えたことがある疑問かもし

れません。もちろん答えもいっぱいあります。

勉強しに行ってるんだ！　という人もいれば、部活動がしたいからという人もいるでしょうし、友だちとおしゃべりしたいから行ってるとか、給食を食べに行ってるとか、あるいは内申点を良くして、推薦でいい学校に行きたいから、出席を増やすために戦略的に学校へ行っている、なんて人もいるかもしれません。

何でもＯＫです。学校に行かないと意外と暇だから、行っている、という消極的な考え方もあるかもしれませんし、ほかで間に合ってるから学校に行く必要なんかない！　という考え方も否定しません。本当にどのように考えてもいいと思います。どんな考え方でも、人それぞれ置かれた状況が違いますから、間違っていることなど一つもありません。

ただ、子どもにこの質問をされたりすると、おとなたちは非常に困ってしまうことがよくあります。今や義務教育への就学率はほぼ１００％ですし、高校も９割超え、過半数が四年制大学に行く時代です。

それに加えて、子どもには「教育を受ける権利」があり、親には「教育を受けさせる義務」があると法律で決まっています。ですから、できれば当然、学校に行ってほしいと思うのは親にとってはあたりまえの気持ちなのですが、「法律で決まっているから」なんて答えるとちょっと説得力に欠けるので、一生懸命その理由を考えたりします。

考えた結果、一番多く聞かれるのは、「将来のため」という答えでしょう。学校はあくまでも通過点にすぎないのですが、将来を見据えたときに、学校でのいろいろな経験が社会に出てから役に立ってくることがわかるよ、というわけです。

このような学校の役割を、教育社会学という学問では、「学校の社会的機能」というように呼びます（苅谷剛彦「学校の社会的機能」天野郁夫ほか『教育社会学』放送大学教育振興会・1994年など）。確かに、学校で経験することが、社会に出てから役に立つというのは非常にもっともらしく聞こえます。

たとえば、僕の小学校では「学校にシャーペンを持ってきてはいけない」という校則がありました。低学年のうちは、「書く」ということに慣れていませんから、筆圧をコントロールしやすい鉛筆が推奨されるのはわかります。しかしなぜか、高学年になってもシャーペンは禁止され続け、でも中学校になると、なぜか解禁されるというよくわからない校則でした。

高学年になれば、いいかげん、いいんじゃない？　と思ったものですが、先生いわく「社会のルールを守らせる練習」としてそうした校則が存在するのだということでした。いまいち納得がいきませんが、「じゃあしょうがないか」という気持ちになります。

また特に、「学校の社会的機能」を支えているのが、「メリトクラシー」という社会のあり方です。メリット（業績）＋クラシー（支配）。つまり、一生懸命学校で勉強すれば、いい高校に入れて、いい大学に入れて、いい就職ができて、さらには将来は一生安泰だという、業績がある人が高い地位について、社会を支配しているというあり方です。

つまり、将来役に立つだろう能力を身につけて、業績を積む場が、学校だというわけです。

ほら、「一生懸命学校で勉強しなきゃ」って気持ちになってきたでしょ。

## 「ハイパー」な力が求められる時代

ところが、最近、この考え方に異議が唱えられました。もしかすると、社会は勉強や成績などの業績を指標とするメリトクラシーに包まれていることに加えて、もっといろいろな、情動的な性質の強い能力でも支配されてきているのではないか、という意見です。そして、じつは社会では、そっちの能力のほうが重要視されつつあるのではないかと。

たとえば、「人間力」や「考える力」、「問題解決能力」「対人関係能力」「生きる力」、「母親力」「女子力」なんていうのもあります。挙げるとキリがありませんが、『○○力』という本がよく出版されていることからも、単なる学力以外のもっといろいろな能力が、社会の中で重要視されてきていることがうかがえます。

このような、「メリトクラシー」が新たな段階に進み、さまざまな「○○力」が重視されるようになった社会を、「ハイパー・メリトクラシー」と呼びます（本田由紀『多元化する「能力」と日本社会』ＮＴＴ出版・２００５年）。

この用語の発明者である本田由紀さんは、「ハイパー・メリトクラシー」のような能力観が蔓延すると、学校でもそうした能力が重要視され、子どもたちが、どの方向に努力したらよいのかがわからなくなってしまうのではないかと危惧《きぐ》しています。

今や学校で、「コミュニケーション能力養成講座」なんてものが開かれることも少なくありません。先ほども述べたように、学校では、将来のために社会が求める「○○力」を身につけるようにしなければなりませんから、先生方も必死です。

じつは、社会が求める能力というのは、彼らが学校生活を過ごすうえで、非常に重要なポイントになります。学校が将来への通過点にすぎないとすると、学校にいるうちに児童生徒に「○○力」を身につけさせなければならなくなるからです。

たとえそれが得体の知れない「○○力」であったとしてもです。学校で「○○力」に価値が置かれていることは、そこで過ごす彼らに、そうした能力の大事さを強く植えつける力を持ちます。

たとえば、男の子と女の子が喧嘩したときに、先生が男の子ばかりを叱るとします。その様子を見て、児童は、男の子は女の子に手をあげてはいけないんだということを自然に学習します。これは先生が、意識的に何かを伝えるつもりではなかったけれど、児童の側が勝手にそうしたことを体得してしまった結果と見ることができます。

これを、「学校の潜在的カリキュラム」と呼びますが、潜在的にしろ、顕在的にしろ、学校はそこで過ごす児童生徒に、「正しさ」を刷り込ませるような特別な力を持っています。

メリトクラシーからハイパー・メリトクラシーに移行しつつあると言われる現在、学校での正しさは、さまざまな方向へと膨張しつつあるのではないかということです。

**生徒の文化**

このように、学校で教わる「正しさ」は、そこで過ごす生徒の価値や規範にも大きく影響を与えます。古くから研究の世界でも、学校に通う生徒の価値や規範を明らかにしようとする研究が活発に行なわれてきました。個人の価値や規範が、学校で過ごす生徒の多くの規範になると、それはやがて「文化」になるからです。

ですから、そうした研究は「生徒文化研究」と呼ばれます。

ちなみに、「生徒文化研究」はとても幅広い視点から研究が行なわれており、とてもとても、この本の中ですべてを取り扱うことはできません。もし、もっと幅広く「生徒文化研究」を勉強してみたいという方は、木原孝博ほか『学校文化の社会学』(福村出版・1993年)や、堀尾輝久ほか『学校文化という磁場』(柏書房・1996年)を読んでいただきたいと思います。本書に書かれているのは、その一部だと思ってください。

もちろん、みなさんがお察しのとおり、それぞれの生徒がどのような価値や規範を持つかをはかる基準は、いろいろあります。しかし、何とかして生徒の価値や規範を統一した基準ではかるために、おとなたちは、在校している生徒の「学力」を基準として、学校内の文化をわかろうとする試みをしてきました。

ついつい、「頭のいいやつは何でも勉強で人をはかろうとするよな! つまんねえ人間だ!」なんて思ってしまいそうですが、学校ごとの「学力」の差を見ることによって、生徒の価値観や規範をあぶり出すことができるというのは、日本の大きな特徴なのだそうです。

特に日本は、高校入学の段階で、学力による選抜が行なわれますから、メリトクラシーが支配的であればあるほど、このようなアプローチはまっとうだったのでしょう。

図2-4　高校生が関心のあることがら

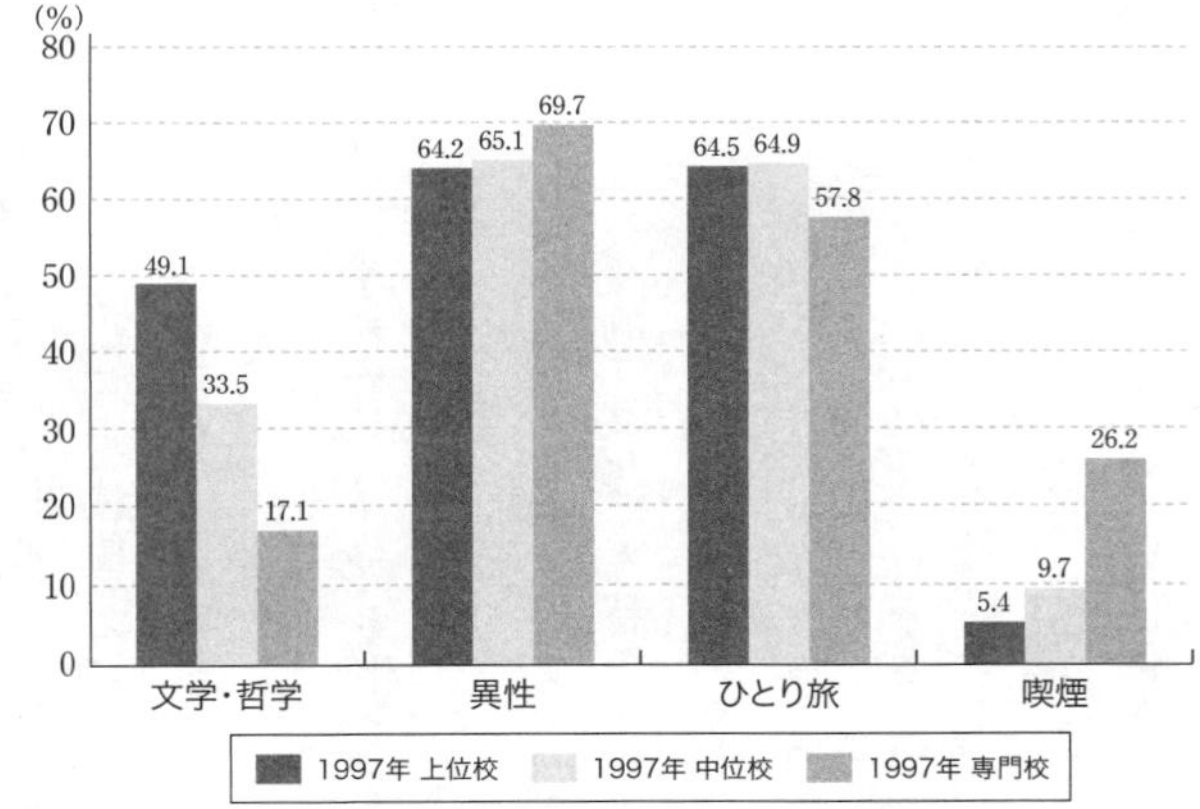


出典：樋田大二郎ほか『高校生文化と進路形成の変容』学事出版（2000年）、p.197

図2－4は、1997年に高校生を対象として「興味・関心のあること」を聞いたアンケートの結果です（大多和《おおたわ》直樹「生徒文化」樋田大二郎ほか『高校生文化と進路形成の変容』学事出版・2000年）。15年前のデータではありますが、具体的な項目が載っていますので、参考にしながら説明していきます。

図を見ると、「文学・哲学」に興味・関心のある生徒は成績が上位の高校に多く、専門校に少ないのがわかります。「文学・哲学」は勉強と関連することが多いでしょうから、ある程度、学校のフォーマルな価値に肯定的な位置づけの興味・関心であるといえます。

このような生徒の文化を「向学校（的）文化」というように呼びます。

一方、「喫煙」に興味・関心のある生徒は、専門校の生徒に多く、上位校では少ないことがわかります。「喫煙」を積極的に薦める学校はないでしょうし、むしろバレたら停学になる学校が多いのではないかと思います。というか、そもそも日本の法律では未成年の喫煙は禁じられています。

このように、学校のフォーマルな価値に否定的な生徒の文化を「反学校（的）文化」というように呼びます。

このグラフを見ると、学校の学力差を軸として、はっきりと「向学校（的）文化」を持つ学校と「反学校（的）文化」を持つ学校とに分かれていることがわかると思います。このことは、多くの研究でも実証的に明らかにされてきました。

もちろん、外国ではすでに似たようなことは言われていましたが、当時の日本でも同様のことが起こっているというのは、とても衝撃的だったようです。

また、「向学校（的）文化」とも「反学校（的）文化」ともいえない文化というのも存在します。先のグラフでいうと、「異性」や「ひとり旅」がそれに該当します。

確かに、どちらとも学校とは関係がないですし、それらに興味や関心があったからといって、特に学校に反抗しているわけでもないので、分類が非常に難しそうです。

では、こうした項目は、どのような文化に該当するのでしょうか。

こうした「向学校（的）文化」とも「反学校（的）文化」ともいえない文化を、「脱学校（的）文化」と呼びます。この「脱学校（的）文化」は、岩木秀夫・耳塚寛明「概説・高校生」『現代のエスプリ195　高校生』（至文堂・１９８３年）の中で紹介され、「学校のフォーマルな価値から身を逸《そ》らすという点では確かに反学校的であるにせよ、その価値に対する明白な反抗の姿勢をとるわけではなく、その価値を相対化して仲間との交友などを楽しむという文化」として紹介されています。

これが30年前のことです。当時は、「脱学校（的）文化」も「反学校（的）文化」と同様に、下位ランクの高校に多く見られるものだとされていました。

しかし、１９９７年の調査を見る限り、「脱学校（的）文化」は、どのような学校タイプにおいても、主要な文化になりつつあることがうかがえます。

## 「島宇宙」間の人間関係

このように、日本の「生徒文化研究」では、学校の学力差を背景として、さまざまな文化の形態が存在することを明らかにしてきました。

では現在もなお、このように学力をもとにして、生徒の文化のおおよそを把握することは可能なのでしょうか。

じつはそれには、さまざまな異論が出てきはじめています。先ほどの本田由紀さんの議論が示すとおり、社会がメリトクラシーからハイパー・メリトクラシーへと移行してきつつあると言われているからです。

それに、全般的に生徒の勉学への関心は薄れ、生徒文化というよりは若者文化としての意味合いが強くなっていることが指摘されてきています（伊藤茂樹「青年文化と学校の90年代」『教育社会学研究』第70集・２００２年など）。

先ほどの調査によると、学校での生活を大事にする傾向は、昔よりも今のほうが顕著にあるようですが、学校で勉強や部活動に夢中になっているというよりは、むしろ学校での人間関係に敏感になっているといったほうが、あてはまりが良いのだそうです。それは、進学校でも進路多様校でも大差ありません。

旧来、議論されてきた、学校にとって望ましいとか、望ましくないとか、そういった価値観ではなく、今の生徒は、もっと学校内の小さな人間関係に敏感になって生活しているというようにも解釈できると思います。その世界は「友だち地獄」という言葉に表されたりもしています（土井隆義『友だち地獄』筑摩書房・2008年）。

このことから、近年の生徒の文化は、過去のものとは大きく違い、人間関係を基準とした、より複雑でわかりづらい、細分化されたかたちで構成されているのではないかと考えられます。

宮台真司さんはこの様相を「島宇宙」と呼んでいます（宮台真司『制服少女たちの選択』講談社・1994年）。同じ学校の中にいたとしても、それぞれ仲の良いグループに分断されて、それぞれのグループの中で独自の価値観を形成し、別のグループの価値観に影響されることはないからだそうです。

ちなみに「島宇宙」では、グループどうしの干渉がないので、それぞれの力関係は等価であるとされています。実際、女子高での参与観察の分析から、それぞれのグループでは価値や規範がまったく異なるため、力関係は対等だと結論づけている研究もあります（宮崎あゆみ「ジェンダー・サブカルチャーのダイナミクス」『教育社会学研究』第52集・1993年）。

宮崎さんによれば、「勉強グループ」は「ヤンキーグループ」をケバイと言って見下し、「ヤンキーグループ」は「勉強グループ」を「ダサイ」と言って見下しているそうです。このことから、グループ間に力関係は存在しないのだと考えられるといいます。

このように、一様にグループ間の力関係は等価である、つまり、力関係はないということが言われていましたが、近年、グループ間に存在する力関係の実相を明らかにした研究も存在します（上間陽子「現代女子高校生のアイデンティティ形成」『教育学研究』第69巻第3号・2002年）。

上間さんは、首都圏にある、いわゆる「ギャル校」で生徒と一緒に机を並べながら、観察やインタビューを行い、その中の人間関係を調べることによって、クラスの中にある仲良しグループどうしが、等価な力関係ではなく、ヒエラルキー構造をなしていることを指摘しました。

上間さんによると、高校入学以前から「ギャル」だった「トップ」と呼ばれる生徒たちのグループは、高校入学後に「ギャル」になった生徒たちのグループよりも、優位に立つことができるそうです。「高校デビュー」という言葉が否定的なニュアンスで使われることを考えると、非常に納得できる知見だと思います。

この研究によって、同学年の生徒の間でも、力関係が存在し、それが生徒の学校生活に少なからず影響を与えていること、そしてそのことが、もしかすると「ギャル校」以外の人間関係上でも成り立っているかもしれない、という可能性が示されたとも考えられるでしょう。

## 今こそ「スクールカースト」

そこで、今こそ焦点を当てて検証すべきなのが、「スクールカースト」と呼ばれる関係性なのではないかと思うのです。

第１章で述べたように、これまで「スクールカースト」と呼ばれる関係性は、理念的な検討にとどまってきました。しかも「いじめ」の文脈を離れることもできていません。「スクールカースト」が形成される要因としても、コミュニケーション能力などの、はかることが難しい「〇〇力」に還元される傾向が非常に強く、それ以上の踏み入った検証が行なわれづらいという現状がありました。もっともらしいけれども、身につける方法がよくわからない、得体の知れない能力で説明されてしまうということです。

実証的な研究も少し出始めていますが、アンケート調査の検討のみにとどまっており、児童・生徒にとって「スクールカースト」が、どのように考えられているのか、そしてなぜ当然のように存続しているのかということへの答えが出せていません（本田由紀『学校の「空気」』岩波書店・２０１１年）。

本書では、こうしたこれまでの研究の問題点を打破し、なるべく彼らの生きている世界を丁寧に描き出し、これからどうするべきなのか、答えを見つけていきたいと思っています。

本書が着目するのは、これまで説明してきた「いじめ研究」が見落としてきたところと、「生徒文化研究」が見落としてきたところがちょうど重なりあう、エアポケットのような部分だということができるでしょう。

では、次章からさっそく、「スクールカースト」の世界をのぞいていきたいと思います。

# 第3章

# 「スクールカースト」の世界

## 「スクールカースト」の認識は、発達段階で変化する

今回、大学生を対象として、これまでの学校経験の中での人間関係に関するインタビューを行なったところ、「スクールカースト」、すなわち同学年の児童生徒に「地位の差」が「ない」と答えた人は一人もいませんでした。

ここで重要なのは、同学年の児童生徒のあいだで、高い「地位」に位置づけられる児童生徒と、低い「地位」に位置づけられる児童生徒が、彼らの学校生活の中では確かに存在し、自分がどのポジションにいるかということが、学校生活を過ごすうえでの重要なポイントとして語られていくことです。

では彼らは、いったいどのような場面から、同学年の児童生徒とのあいだに「地位の差」を感じていたのでしょうか。この章では、彼らの「地位の差」の認識に着目しながら、インタビューデータを検討していきたいと思います。

第1節ではじめに、インタビューで語られた、同学年の児童生徒との「地位の差」に関するエピソードを、小学校と中学校以降の2段階に分類して、考察を行なっていきます。

この二つの時期に分けて「スクールカースト」を考察する理由としては、以下の点が挙げ

られます。

本書では、「スクールカースト」がどのように受け入れられているのか、そしてなぜ当然のように存続しているのかということを課題として設定していますが、児童生徒はその発達段階に応じて、学校生活のあり方や、価値基準の捉え方に変化が生じている可能性があり、それにともなって「スクールカースト」のあり方や認識が変化していると考えられるからです。

教育社会学者の岩永雅也さんによれば、初等教育（小学校）と中等教育以降（中学校と高校）では、児童生徒の生活のあり方は大きく異なり、特に中学校では、年齢段階が思春期と重なることもあり、自我を確立しつつある友人たちとの集団内での葛藤が要因で何らかの不適応を体験することも少なくないそうです（岩永雅也「分岐点としての中等教育」『教育社会学』放送大学教育振興会・2007年）。

そうした中で、本書が対象とする「スクールカースト」の重要性や、それが持つ特質も、年齢段階によって、変化している可能性があります。

実際に、今回行なったインタビューでも、「スクールカースト」に関するエピソードの内実は、多くの対象者に共通して、小学校と中学校以降で異なった様相が聞かれました。

そのため、本章では、まず、小学校時と中学校時の「スクールカースト」の認識を比較して見ていきたいと思います。

## （1）小学校時代の「スクールカースト」

小学校時では、学級集団の中で高い「地位」に位置づけられる児童と、低い「地位」に位置づけられる児童が、それぞれ特定の一人の児童の特徴として語られる傾向がありました。ここでは、その傾向を、低い「地位」に位置づけられる児童と、高い「地位」に位置づけられる児童に分類して考察していきましょう。

この先、インタビューデータを引用する際には、筆者を〃――〃であらわし、著者の補足がある場合は、カッコ内に記していくことにします。ちなみにインタビューデータは、すべて〃**この字体**〃にしてあります。

**みんなの嫌われ者は「低い」**

小学校の時点では、同学年の児童のあいだに「スクールカースト」はあまり存在しないということも多く聞かれましたが、しいて言えば、特定のクラスメイトがいじめにあっており、ゆえに、いじめられている児童は、「地位」が低かったのではないかという話が繰り返し聞かれました。

たとえば、学校にたまたまCDを持ってきた際に、CDを隠されてしまう児童がいたこと（ハルキの語り）や、軽度の知的障害を持つ児童がいじめの対象になっていた（ユウタの語り）というエピソードなどがそれに該当します。

**ハルキ**：いやあ、小学校は……、グループ……、そうですねえ、なんか小学校は、グループはあったけど、どこが強いとか、そういうのは……、いや、でもいじめというか、いじめじゃないけど、本人はいじめのつもりはないかもしれないけど、一人がいろいろひどいことをされてた記憶はあります。ほかの子にCD隠されてたりだとか。

**ユウタ**：あ、ちょっと一人障害を持ってる子がいて、その子はやっぱ若干いじめられてたんですよ、その子は。でも、あとほかはそんなんでもなかったです。

ほかには、いじめではないけれども、特定の児童がクラスメイトのほとんど、もしくは女子全体から嫌われていて、遠足で手をつなぐのを拒《こば》んだり（サクラの語り）、掃除の時間に嫌われている児童の机をわざと運ばなかったり（アオイの語り）といったエピソードも聞かれています。

モモカは、どうしても仲良くしたくなかったクラスメイトがおり、その子が何かアクションを起こすたびに、笑いの対象として扱っていたことを例に挙げ、その子が「地位」の低い児童だったのではないかとしています。

**サクラ**：そのころ（小学校のころ）は（地位の差は）ないですね。そのころは鼻水たらしてる男子が汚いとか、そのぐらいで（笑）。

――：そうなんだ。

**サクラ**：うん。遠足で（先生に）「絶対手つないで！」とか言われて、嫌だった、とか。そういうのがあったかな（笑）ってぐらいです。だからそのころはあまり感じなかったかな。

**アオイ**：なんか（小学校）3年生ぐらいまではみんな結構あんまりないんだけど、4年ぐらいからかなあ。高学年のときとか、掃除のときとか机運ぶときとか、絶対運ばれない机ってあった。「こいつの机は触りたくない」とか言って（笑）。それは、まあ、その子が弱いからと言えばそうかな。

**モモカ**：（小学校のときは）どんな人たちっていうよりも、うーん、でもやっぱりどう考えてもそのクラスで一人浮いてる子とかとは仲良くできなかったけど、それはその子がちょっと弱いからと言えばそうですねー。

——：そっか。

**モモカ**：うん。馬鹿にしてた。見下してた。ごめんなさいって感じです（笑）。

——：ごめんなさいって、何かしたの？

**モモカ**：何にもしてないですけど、普通になんか笑ってしまってごめんなさいって（笑）。いじめかなあ（笑）。でも、その子も変な子だったんだよね。とにかく浮いてた。

――：へー、どんなときに笑ってたの？

**モモカ**：どんなときに？　とにかくおもしろがってたみたいな（笑）。あんま何もしない子だったんですよ。まあ、あんま話したりしないじゃないですか。どうせ話す人もいないし。いや、だから、「あ、見て！　動いた！」とか「立った！」とか言って笑ってました。その人が何かアクション起こしたら、それ見て笑ってました。聞こえる声で。でも、アタシより全然ひどい（ことしてる）のもいっぱいいましたよ。

これらのエピソードが示すのは、クラス全体からスケープゴート（排除の対象）になっている児童が一人おり、そういったいじめられたり、嫌われたりするような特定の児童を「地位」の低い児童として認識しているということです。

特定の児童一人を嫌っていたり、いじめたりしているのは、クラスのメンバー全体であるため、「スクールカースト」というよりは、むしろ大多数の生徒が一人の生徒をいじめている構図であると考えるのが妥当であるように思います。それは、「アタシより全然ひどい（ことしてる）のもいっぱいいましたよ」（モモカ）と答えていることからも推測することができます。

さらに、ほとんどのインタビュー対象者が、これらの関係性を、「地位」が高いとか低いなどの問題ではなく、多くの場合「いじめ」であると捉えていることもわかるでしょう。
では、逆に「地位」が高いとされる児童は、どのように認識されていたのでしょうか。

**遊びの上手な子は「高い」**

「地位」が高い児童に関しても、小学校時点では「いなかった」と答える人がほとんどでしたが、みんなでする遊びの上手な児童が、「地位」の高い児童だったのではないか、と考える人が数人いることがわかりました。
具体的には、ユウタのエピソードにある「運動神経（が）いい子」や、タケルの「足（が）速い子」がそれに該当します。

**ユウタ**：まあ運動神経いい子がちやほやされるのは、まあ、たまにありました。てか、あったような気がしますけど、でもどうだろうなあ。だからと言ってその子がどうするってこともなく……。女子はちょっとわかんないですしね、誰がどうだったとかっていうのも。

**タケル**：なんかさあ、足（が）速い子が人気者じゃなかったですか？　あれ、なんだろう。ドッジ（ボール）とかはさあ、（みんなで）一緒にやったりするから人気者なのはわかるけどさあ、足速いってわかんないんだよなあ。モテてたしね。女の子もそうだったし。なんでだろ。でも運動神経は大事だった気がする。

このように、小学校の時点では、「地位」の高い児童に関しても、積極的に「スクールカースト」を意識しているというようなエピソードはあまり見あたりませんでした。しいて言えば、「地位」の高い児童は、みんなでする遊びのうまい子であったり、そういった児童が「人気者」だったりする（ような気がする）といったことが聞かれる程度です。

以上のことから、小学校時点において、彼らには「スクールカースト」としての認識はほとんどないといっていいと思います。

また、「だからと言ってその子がどうするってこともなく」（ユウタ）という言葉からは、彼らが「スクールカースト」を強く意識するときというのは、「地位」の高い児童が「地位」の低い児童に対して、「地位の差」を背景とした何らかの行為を起こしたときであるということもわかります。

いずれにせよ、小学校時点では、「スクールカースト」のような「地位の差」を強く感じる場面はあまりなかったということです。

ただし一方で、次に見るように、わずかではありますが、小学校の高学年ごろになると「スクールカースト」を強く意識していたという児童もいます。

**男子の態度が違う**

ナナミは、男子児童を遊びに誘った際に、誘った女子児童がどの仲良しグループに所属しているかによって、男子児童が誘いに応じる確率が大きく異なっていたことを理由として、「スクールカースト」を強く意識していたといいます。

**ナナミ**：（高学年くらいになると）男子の女子に対する態度が変わってくるっていうか。ちょっと男子、かわいい子とだけ話すけど、普通の子が話しかけると若干ね、反応が鈍かったりとか、男子の反応がなんか違うってことに気づいてしまったんですよ。あれ？ なんか違う、みたいな。○○ちゃんたちのグループが○○くんを誘ったら絶対ついて行くのに、ウチら下のグループが誘ったときは、返事が半々だ、みたいな。なんか（自分の所属するグループのメンバーが誘ったら）半分ぐらい用事あるからって断られる、うん（笑）。シビアなんです。んで「かわいい子もいるよ、○○ちゃんち（別のグループの子）もいるよ」ってなったら、結構また男子（が）来る割合高くなるっていうか。

――：えーと、それは、ただその男子が、そのグループの子のことを好きだってだけじゃないの？

**ナナミ**：だけじゃなくて、なんかどの男子もそういう感じ。不思議と。

ナナミは、自分を含む仲良しグループの友だちが、異性の児童を遊びに誘った際、断られることがよくあったそうです。逆に、自分たちの所属しない「高い」グループのメンバーが男子を誘ったときは、来る確率が高かったと感じていました。

そのことから、自分の所属するグループの「地位」が低く、自分が所属しない「○○ちゃんたちのグループは『地位』が高い」というように「スクールカースト」を認識していたといいます。

特定の児童の話ではなく、主に所属するグループごとの扱われ方の違いから、グループ間の「スクールカースト」を把握するという構図は、小学校時のエピソードにおいては、ナナミ以外からは聞かれませんでしたが、後述するように、中学校以降になると、所属するグループ間で「スクールカースト」を認識するということは、決して珍しいことではありません。実際、中学校以降のエピソードにおいては、こうした構図で「スクールカースト」を把握しているといったことが、本当によく聞かれるようになります。

そう考えてみると、上記のナナミのエピソードは、女子のほうが男子よりも少しだけ早く、グループ間の力関係を意識しやすい環境に置かれているということを示しているのかもしれません。

ただ、全体的に見れば、小学校時点において、「地位」が低いと捉えられている児童は、いじめの対象となる特定の子、もしくは嫌われている子だったようです。

一方「地位」が高いと捉えられている児童は、みんなでする遊びのうまい子など、尊敬の対象となるような特定の子である傾向は、少なくともうかがわれると思います。

## （2）中学校・高校時代の「スクールカースト」

ここまでの小学生時代のエピソードから、小学校では特定の児童が、「地位」の高い児童、「地位」の低い児童であると把握されている傾向があることがわかりました。

しかし、中学校以降になると、多くの生徒は、同学年の生徒とのあいだにある「地位の差」を、特定の個人の生徒の話ではなく、先ほどの小学校のときのナナミのように、所属するグループ間の力関係の差であると捉えることが多くなります。

そして、そうしたグループに名前をつけて、それぞれのグループの「地位」を把握していったという話が、何人からも聞かれました。

### ギャルが「上」で、オタクは「下」

以下のエピソードが示すのは、生徒がクラス内のグループに何かしらの名前をつけて、力関係を把握している具体的な様子です。

――：高校（のときのグループ）はどんな感じ？

**ナナミ**：「ギャル」・「普通」・「地味」の3段階で。「ギャル」が一番上ですよ。だから

――さんの言葉で言うと立場が強い。

（中略）

――：誰がランク高いよねえとかそういう会話はあったの？

**ナナミ**：いやーでも「やっぱギャル系はね」とか、言ってましたね。あと、ギャルじゃないけど上の子には「キャピ系」とか勝手に自分たちであだ名つけて。「やだー♡もう♡」とか、「あーんもう、ここわかんなあい♡」とか言ってる上のランクの女らとかにはまあ「キャピ系」って勝手にあだ名つけてましたね。声が高いとか、学校行事で無駄にテンションが高い、みたいな（笑）。

――：へー、下は？

**ナナミ**：いやでも普通に「地味系」って呼んでました。たまに「残念な人」とかそういう悪意のあるあだ名をつけたりとか。（中略）それか「地味系」か、もうあとは「オ

タク」で総括されるか。それは上下できっちりあだ名で区別してましたね。力関係を把握しやすいように。

**モモカ**：（グループっていうのは）「ギャル」とかってこと？　うちの中学はね、うーんとね、「ギャル」はね、いなかったかもね。だからね、「ヤンキー」と「清楚系」とみたいな感じかな。だからねえ、「ヤンキー」は、うん、「ヤンキー」は強かったんじゃないかかな。

――：じゃあ、「ヤンキー」と「清楚系」の2パターンって感じ？

**モモカ**：「ヤンキー」と「清楚系」とそうでない「普通」みたいな感じですね。だからその下は「地味な感じ」の……。

――：そういう感じで分かれるの？

**モモカ**：えーと、でも、「地味」は「めっちゃ地味」と「ちょい地味」に分かれるんじゃないですかね？　「地味」の中でも。

――：どういうグループにいたの？

**ハルキ**：まあいわゆる「イケてるグループ」、「イケてないグループ」ってあると思うんですけど。いやまあ僕はもちろん「イケてないグループ」にいたんですけど。

――：（教室の中には）どんなグループあるの？

**サクラ**：「過激派」と「穏健派」と、まあそうですね、「静か系」……あの、行事とかでも静かにこう隅《すみ》っこで作業してるような（笑）。そういう子とか、まあ、あとは「中心になってやりたがる子たちのグループ」とか。

――：その「過激派」と「中心のグループ」は別？

**サクラ**：そうですね。「中心」はけっこうまわりを見てて、いろんな人のことを考えながらやってるんですけど、「過激派」は「わたしわたし」みたいな感じで、自己主張がものっすごい強い子たちの集まりで、みんなが。

このように、学校によって、名前のつけ方はそれぞれ違いますが、それぞれのグループに名前をつけて、グループごとに力関係を把握していることがわかると思います。

ナナミは、「ギャル」「キャピ系」「普通」「地味」「オタク」「残念な人」など、さまざまな名前をつけて、グループどうしの人間関係を把握しています。人によってそのパターンは少しずつ異なるようで、「ヤンキー」「清楚系」「普通」「ちょい地味」「めっちゃ地味」(モモカ)や、「イケてるグループ」「イケてないグループ」(ハルキ)、「過激派」「中心」「穏健派」「静か系」(サクラ)など、その名づけ方は枚挙にいとまがありません。

## 力関係を把握しやすいように名づけられている

じつは、これまでの研究の中でも、クラスの中にグループが複数作られ、それぞれのグループに異なった価値観があるということは、おとなたちからすでに再三言われてきました。

先にも挙げた、教育社会学者の宮崎あゆみさんによれば、グループ間の関係というのは、お互いのグループがお互いのグループを批判し合うような形で成り立っており、力関係は均衡した状態だといいます(宮崎あゆみ「ジェンダー・サブカルチャーのダイナミクス」『教育社会学研究』第52集)。

宮崎さんの例を借りれば、「勉強グループ」は、「ヤンキーグループ」を「ケバイ」と見下し、逆に「ヤンキーグループ」は「勉強グループ」を「ダサい」と見下しているということです。そして、このようなグループの価値観が均衡化した状態を、社会学者の宮台真司さんは、「島宇宙」（それぞれのグループ）が「ヨコナラビ」の状態であると表現しています（宮台真司『制服少女たちの選択』）。

しかし、今回のインタビューデータを見てわかるように、彼らはクラスの中に生じるグループを、同じような価値観や単に仲の良いグループに分類しているのではなく、「力関係を把握しやすいように」（ナナミ）分類しているのであり、これまでの研究で言われているような、「ヨコナラビ」で「均衡化」した関係ではないと言うことができそうです。

さて、ここまで、学校段階を二つに分けることによって、「スクールカースト」が、小学校時と中学校以降では、異なった様相として認識されている現状がわかってきました。

復習しますと、小学校では、クラス全体の中で、いじめられている児童や嫌われている児童を「地位」の低い児童と捉えており、「地位」の高い児童は、みんなから人気のある、みんなでする遊びのうまい生徒と捉える傾向があります。

一方で、特に中学校以降になると、個々の生徒が何らかのグループに所属し、それぞれのグループに名前をつけて、グループ間で「地位の差」を把握していることがわかります。

そこでの「地位の差」は、「いじめ」として表現されることはなく、日常的な教室の風景として語られていく傾向があります。ここにこそ、「いじめ」とされない「スクールカースト」独特の問題があるような気がしてなりません。

もちろん、それぞれの生徒の特性や準拠する価値に合わせて、グループが多様な形態で分化していくのは理解できます。しかし、ここまでの分析では、なぜそのグループ間の関係を力関係と考えるようになるのかはわかりません。

では、生徒たちは、いったいどのような場面から、それらの関係を力関係として把握していくようになるのでしょうか。

次の節からは、彼らが学校生活のどのような場面から、それぞれのグループ間の関係を力関係として把握していくようになるのかを、明らかにしていきたいと思います。

### (3) カーストはどのように把握されていくのか?

**「お決まりのパターン」――グループ間の理不尽な干渉**

一般的に、中高生は学校生活を送る際に、講義形式の授業以外の場面では、仲の良いグループ内で学校生活を送ることが多いと言われています。

しかし、さまざまなグループが入り交じった教室にいる以上、ほかのグループとの干渉は避けることはできません。ほとんどの場合、生徒たちが、グループ間で「地位の差」を感じるのは、グループを超えた過度な干渉が見られる場面に限定されます。

以下のエピソードは、彼らが「地位の差」を特に感じていた状況を説明しているものです。たとえば、「イケてないグループ」に所属していたハルキは、休み時間に「イケてるグループ」に上履きを投げられることがよくあったといいます。

**ハルキ**：(「地位」の高いグループが) 遊んでいると、最後にこっちの (低い) グループにもちょっかいを出すんですよ。またそれで笑いとって終わりみたいな、そういうのが。まあずっとお決まりのパターンみたいな感じになるんですよね。そんで、僕とかも、えーとまあ、上履きとか投げられたりとかあったんですよね。

――：それはいじめではないの？

**ハルキ**：いじめではないですね。「イケてるグループ」のやつらの中の、えーと、イジられてるやつが、上履き投げられたりして遊んでたんで、最後にこっちの（グループの）方にも上履き投げるとか、そういうのをやって笑いをとるみたいなことをしてきたりとか。

このエピソードでわかるのは、上履きはハルキだけに向けて投げられているのではなく、ハルキを含む「イケてないグループ」全体に向けてだということです。

キャッチボールのように上履きを投げ合って騒いでいる「イケてるグループ」は、最後にそれを今までそれに参加していなかった「イケてないグループ」に向けて投げることによって、クラス全体の笑いを引き起こします。

ハルキはそうしたことが「お決まりのパターン」として、よく起こっていたと話します。そして「お決まりのパターン」として存在するそれは、「いじめではない」のだそうです。

このように「イケてるグループ」が、笑いをとるために「イケてないグループ」に上履きを投げて、クラス全体の笑いを生み出し、そうしたことを「する側」と「される側」が「お決まりのパターン」として固定されている様子から、ハルキはグループ間の力関係を把握していたようです。

**ヒドいことをするのは「みんなを和ませるため」**

また、こうしたエピソードは、地位の高い「清楚系」グループに所属していたというモモカからも聞かれます。モモカは、教室の中で、ある場面が繰り返し行なわれる様子から、クラスの中の人間関係を把握していたといいます。

**モモカ**：プロフィール帳みたいなやつって流行《はや》りませんでした？

――：あー、女の子はあったね。

**モモカ**：そう、それ！　そういうのめっちゃみんな書いてて、流行ってて、アタシの友だち（上位のグループの生徒）が、その子（下位のグループの生徒）にもなぜかそれあげて、「書いてー」って言って。んで、それでそしたら、その子めっちゃ嬉しそうにしてて。んで、アタシの友だちはそれを書いてもらった後に、なんかゴミ箱に捨てて（笑）。いじめとかではないんだけど、胸が痛んだっていうか。でもその（下位のグループの）子だから、アタシの友だち（上位の生徒）はそういうことやったんだと思う。やさしい子でしたから。

——：それいじめじゃない？

**モモカ**：いじめではない（笑）。でも本当だよねえ。人間としてヤバって思ったんだけど、友だちは空気読んで、みんなを和ませようとしてやったのかなあって、そのときは思ったんですよ、たぶんアタシだけじゃなく、クラスみんなが。でもひどいよねえ。今しゃべってたら、かわいそうになってきたかも（笑）。

——：でもさ、当時はそうでもなかったんでしょ？

**モモカ**：「ひどい」とかは笑いながら誰か言ってたと思うんですけどねえ。アタシかなあ、もしかしたらそれ言ったのは。アタシけっこう正義だから（笑）。

「地位」の高い「清楚系」のグループに所属していたというモモカの友人（同じ「清楚系」のグループに所属）は、あるとき「地位」の低い「めっちゃ地味」グループに所属する生徒に自分のプロフィール帳の記入をお願いします。すると、「めっちゃ地味」グループのその子は、「めっちゃ嬉しそうに」プロフィール帳を記入し、その子に渡しました。

すると「清楚系」の友人は、もらったすぐ後に、その子に見えるところでそのページをゴミ箱に捨てたそうです。その行動は、クラスの「みんなを和ませようと」して、「その（下位のグループの）子（が相手）だから」とられた行動であると「そのときは思った」ことが語られています。

モモカは、今考えれば「かわいそう」であるとしながらも、当時はおそらく「みんな」も同じ気持ちであっただろうと言っています。そうした仕打ちを受けるグループが「いじめではな」く、繰り返し行なわれ固定されている様子から、モモカは、「めっちゃ地味」グループよりも「清楚系」のグループのほうが「地位」が高いということを認識していたようです。

**「理不尽」ではあるが、「いじめ」ではない関係**

同様にサクラも、教室の中で固定した人間関係が見られる様子から、グループ間の力関係を把握していたといいます。

**サクラ**：まあやっぱ、行事のときとかは、一つのことをみんなで完成させなきゃいけないじゃないですか。そのときは、（中略）強い（グループの）子が弱い（グループの）子の悪口を言ってるのを聞いたんだけどって。

（中略）

――：どんなことを聞いたりしてたの？

**サクラ**：なんだろう。あたしあんまりそういうの好きじゃないんで、できれば聞きたくなかったんですけど、「ウザイウザイ」みたいなことは言ってたとは思います。「見てるだけでウザイ」とか。

――：理不尽だね。何もしてないのに。

**サクラ**：そうなんですよ。理不尽なんですよ。

サクラが、「スクールカースト」を強く意識したのは、高校時代の文化祭の準備の時間だったそうです。

サクラのクラスでは、それぞれの生徒を複数の作業班に分け、その作業班ごとに文化祭の準備を進めていました。当然、その作業班は、普段仲の良いメンバーだけが固まっているわけではなく、さまざまなグループに所属する生徒が入り交じって作業を進めます。

その作業が終わった後に、「地位」の高い「過激派」グループの生徒は、「理不尽」な愚痴《ぐち》を、何も言い返さない「静か系」グループに浴びせました。「穏健派」グループに所属していたサクラは、「あんまりそういうの好きじゃな」かったのですが、そういった光景を見て、「過激派」グループの立場が強く、「静か系」グループの立場が弱いということを認識していました。

またサクラは、同様に体育の時間でも、バスケットボールやバレーボールなどの際、運動が得意な「過激派」グループのメンバーが、同じチームの「静か系」グループのメンバーがミスをしたときに、「ちょっと、ちゃんとやってよ！」などと罵声《ばせい》を浴びせる様子をよく目にしており、その様子から、グループ間の力関係を把握していたとも語っています。

このように、「スクールカースト」で下位に位置づけられるグループは、上位に位置づけられるグループから、「理不尽」だけど、「いじめではない」行為で、さまざまな被害を受けます。

また、それらのほとんどは「お決まりのパターン」として行なわれ、日によって力関係の逆転が起こることはまずないそうです。

そうした風景が、学級で日常的に繰り返し見られることから、生徒たちは、「あのグループは『地位』が高い」「このグループは『地位』が低い」といったように、グループ同士の力関係を把握していることがわかると思います。

図3-1　「スクールカースト」地位と自分の主観的なキャラクター

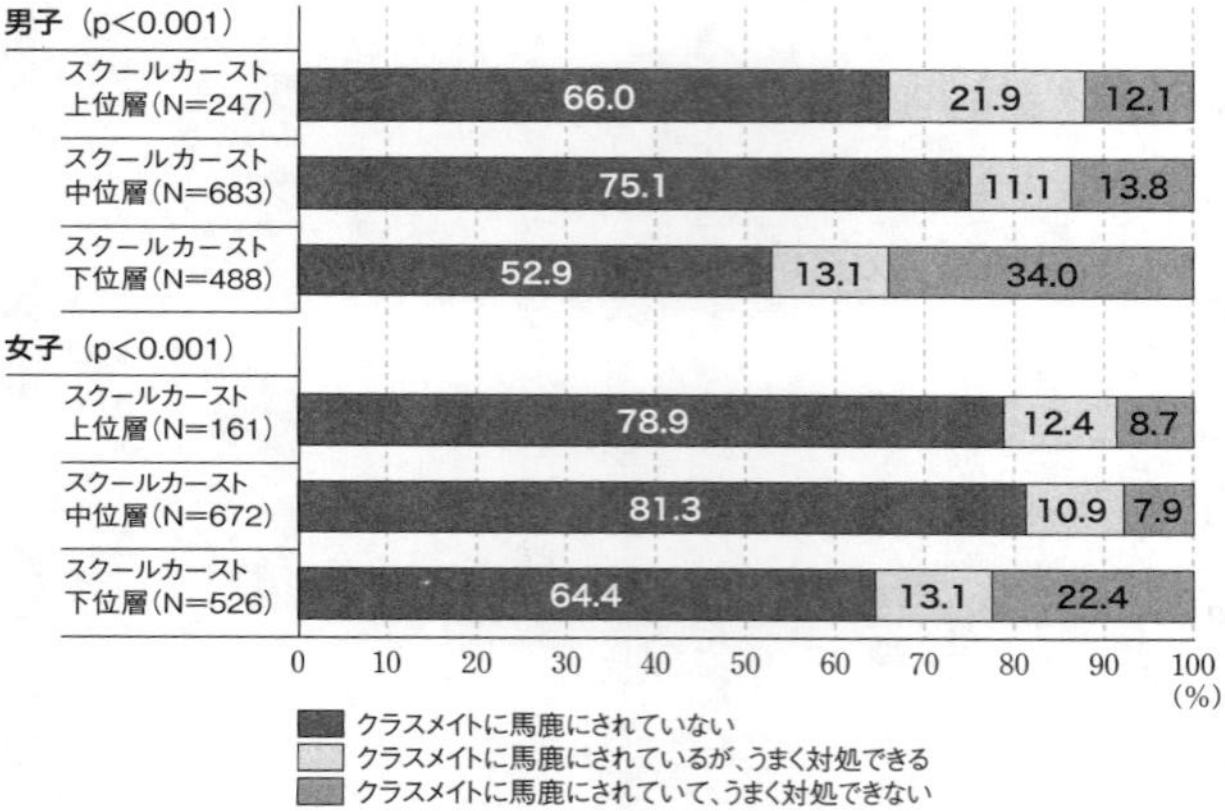


出典：神奈川県の中学生の生活・意識・行動に関するアンケート

図3－1は、「スクールカースト」における地位と、その人が主観的に自分をどのようなキャラであると感じているかの分布を示したものです。

「スクールカースト」で下位に置かれている生徒が、「クラスメイトに馬鹿にされている」と感じる傾向があることが見てとれます。その一方で、全体的に見ると、男女ともに中位の生徒が馬鹿にされていない傾向があるだけで、上位の生徒もある程度「馬鹿にされている」傾向があることもわかります。

しかし、上位の生徒は、たとえ馬鹿にされていても、「うまく対処できる」生徒の割合が高く、インタビューで語られるような「理不尽」なやりとりとは少し違う様相であることもうかがえると思います。もし、「クラスメイトに馬鹿にされていて、うまく対処できない」層を「理不尽」な行為の被害者だと捉えると、インタビューとの整合性がとれていることになるでしょう。

## 一人はもっとキツイ――どのグループにも入らない生徒は「最下層」

ここまでの分析で、彼らは所属するグループから、それぞれの力関係を認識している様子がわかりました。

しかし、教室の様子を思い出してみるとわかるとおり、すべての生徒が必ずどこかのグループに所属しているとは限りません。どのグループにも所属せず、主に一人で行動するような生徒だっているはずです。

では、そうした生徒は、この力関係の中で、いったいどのように認識されていたのでしょうか。また、このようにグループ間に力関係が存在することを認めながら、それでも、「地位」の低いグループに所属する生徒がいるのは、なぜなのでしょうか。

ここからは、そのことについて考えてみましょう。どうやらそれには理由があるようです。

以下のエピソードでは、どのグループにも所属しない生徒が、クラスの中でどのように扱われていたかが語られています。その様子を見て、「地位」の低いグループに所属する生徒が存在するのはなぜなのか、考えていきたいと思います。

**タケル**：すごいひどいのが、あからさまなんだけど、（修学旅行の班決めで）うち（のグループ）はもう4人いたからあれだったんだけど、もう一つのグループとわりと下のほうのグループが、人数が一人ずつ足りなかったのね、部屋割り的に。だからどっちか（のグループ）が（いつも一人でいる）その子を入れるとぴったりになる、みたいな。「どうする？」みたいな話になって、上のグループのやつが「じゃんけんで決めればいいじゃん」とか言ったの。そうするとじゃんけんで負けたほうが、その（いつも一人でいる）子と同じ部屋になる、その子を負けたほうがとらなきゃ、みたいな話になってて。

――：へー。その子はその様子ずっと見てるの？

**タケル**：うん。その子はそれずっと見てた。しかもその子、（学校を）休まなかった。学校来てたね。よくあれは耐えたなとか思う。

タケルは、クラスで一人で行動していたある生徒が、いじめにあっていたと把握しています。その生徒は、中学校2年生のはじめに転校してきた生徒で、制服の臭いが原因で最初はみんなから馬鹿にされていたそうです。

しかし、学期の途中あたりからは、たとえ臭いがなかったとしても、別の理由から馬鹿にされていることもよくあり、その生徒と友だちになろうとする生徒は一人もいませんでした。また、転校生であるため、他のクラスに友人がいるわけでもなく、学校の中では常に一人で行動していました。

修学旅行の部屋割りを決める際、彼はどのグループと一緒の部屋になるかということで、「上のグループのやつ」の提案により、「わりと下のグループ」がじゃんけんをして、負けたほうのグループが、その子を同じ部屋のグループに入れることにしようという話になります。

その子はその様子を黙って見ており、タケルはその様子を「よく耐えた」と語っています。

つまり、このエピソードからわかるのは、いつも一人でいる生徒は、「地位」が低いとされているグループからも、さらに「弱い」存在として認識されているということです。一人でいるその生徒は、どのグループに入りたいというような主張をするわけでもなく、ただ、

「わりと下のグループ」どうしのじゃんけんが終わるまで、その様子を見ていることしか許されていなかったそうです。

このエピソードから、クラスの中で「地位」が低いとされているグループからも、彼は「下」に見られている存在だったということがわかります。

ほかにも、クラス内に友だちがいない生徒が、同様の位置づけであったことがわかるエピソードがあります。

**モモカ**：えー。クラスに一人ぐらい、クラスに友だちいない子っているじゃん？　そういうのが昼休みになんか出歩くんだよね、おもむろに（笑）。

――：うん。どこにいるの？

**モモカ**：で、違うクラスにもやっぱそういうのいるんだよね、やっぱ吸い寄せられてくるんだよね。2人とか3人とか。3人くらい集まってさ、吸い寄せられてくるんだよ（笑）。

――：そうかあ。その子たちは何してんの？

**モモカ**：いや集まっても、なんか話しないんだよお。（中略）なんかちょっとそういうの見ることあって、うん、おもしろかった（笑）。

――：クラスの中で友だちいない子が、みんなで集まっていくわけ？

**モモカ**：いやなんか、たぶんそういう人って昼休みとかって長すぎるんじゃん？ することないじゃん、だって。だからおもむろにホント廊下を歩いてて、そういう人が学年に3人くらいいたらその人たちが廊下でばったり会って、「あ、あなたも？」みたいな感じじゃないのかなあ。

――：そこ仲いいの？

**モモカ**：知らなーい（笑）。でもおもしろいよね。いつの間にかそういうのって仲良くなってたんだよね。そういうのでつるんで楽しいのかなあ。生きてることに意味あるのかなあってちょっと思う（笑）。

モモカは、学年に2、3人いる「クラスに友だち（が）いない子」たちが、昼休みにみんなで集まっていく様子を、「吸い寄せられてくる」と表現して、クラスメイトと笑いの対象にしていたことを語っています。また、昼休みに決まって集まる彼らのことを、「そういうのでつるんで楽し」くはないはずで、さらには、「生きて（い）ることに意味あるのかなあ」

とまで感じているようです。

つまり、クラスに友だちのいない彼らが集まることには、上位の「清楚系」グループに所属するモモカにとっては、まったく楽しさを感じられず、生きている意味すら見出せません。そして、彼らが集まる様子を笑いの対象として扱い、そういうのを見ることは「おもしろ」かったとも語っています。

このことから、たとえクラスの外に友だちがいたとしても、クラスの中でグループに所属しないということは、彼らの価値観の中では、笑いの対象となるような見下された存在として認識されているということがわかるでしょう。

## (4)「上位」の風景

では、彼らは自分の所属するグループ自体をどのように認識しているのでしょうか。

これまで検証してきたのは、グループ間の力関係のあり方であり、それぞれのグループに所属することについては、何も言及していませんでした。

そもそも、グループに所属すること自体に、生徒たちはどのような意味づけを行なっているのでしょう。そして「スクールカースト」は、それぞれのグループへの認識にどのように影響しているのでしょうか。

ここからは、生徒がそれぞれのグループに所属すること自体をどのように意味づけているのかを明らかにしていきます。

そのために、「スクールカースト」の上位に位置づけられるグループと、「スクールカースト」の下位に位置づけられるグループに分けて考察していきましょう。

## 上の言うことは通る。だから楽しい

タケルは、中学校1年生時には、「スクールカースト」が最も高いグループに所属していて、そのときの学校生活はとても「充実して」おり、「楽し」かったと語っています。

その理由は、「一番上」のグループにいることは、「言いたいことは（みんなに）通る」し、そうしたことができることは「楽しい」からなのだそうです。

**タケル**：やっぱり上にいたら楽しいね。ここを経験したから言えるけど、一番上を経験したから言えるけど、けっこう自分の言いたいことは通るし、やっぱりそれは楽しいよね。

またタケルは、「グループの力の強さは、学校生活の楽しさとほぼ一緒」ということも語っており、タケルにとって、所属するグループの強さがどれほどであるかということは、学校生活を過ごすうえで、非常に重要な問題として捉えられているようです。

さらに、「同窓会をやるなら中1（のクラス）でやりたい」とも語っており、タケルにとって、「スクールカースト」が上位のグループに所属することができたという経験は、楽しかった学校生活とほぼ同じ記憶として残されていることがうかがえます。

タケルは、前節で説明したように、修学旅行の班決めの際に「スクールカースト」が顕著に表れるとしていましたが、「スクールカースト」の上位に位置づけられているグループに所属していれば、たとえ班のメンバーが一人揃わなかったとしても、何も問題はないとも語っています。

**タケル**：何人組を組めとかそういうときってあるじゃないですか？　だからそういうとき（下位のグループに所属しているとき）は、その人数がいないときは大変だったかな。上のほうにいるときは、基本一人でいたことってなくて、どっかに所属してるか、友だち2人3人はいるから、……ただ4人で組みましょうってなったときに、あと一人をどうするかっていうのがあって大変だったかなあ。なんかよそから「じゃあ一緒にやろうよ」って言ってこれるような、人もいないし。

――：じゃあ上にいるときにメンバー足りなくなったらどうするの？

**タケル**：上にいるときはなんとかなる。上から順番に声をかけていけばいいだけじゃない？

――：ランク上から引き抜いていくの？

**タケル**：うん。それで大丈夫かなあ。

このように、「スクールカースト」で上位に位置づけられているグループに所属していれば、たとえ班のメンバーが一人足りなかったとしても、「上から順番に声をかけていけばいい」ので「大丈夫」であり、問題にはなりません。タケルは、こうした経験からも、自分の所属するグループが「スクールカースト」の中でどこに位置づけられているかということが非常に重要であると認識しているようです。

タケルのように上位のグループに所属していることで、学校生活を「思いどおり」に過ごすことができると感じていたのは、アオイも同じです。中学校時代一貫して、「スクールカースト」で上位に位置づけられているグループの生徒と仲が良かったというアオイは、上位のグループに所属していると、席替えのくじも「勝手にいい方向にしてくれる」ため、そのときの学校生活は充実していたといいます。

**アオイ**：だいたいそういう子（「スクールカースト」の上位に位置づけられているグループに所属する生徒）と仲良くなっておくと、そういう子が席替えのときとか何でもいろいろ勝手にいい方向にしてくれるから良かったかも。（中略）強めの人たちはめちゃめちゃ楽しかったと思うよ。だって何でも自分の思うとおりに進むんだから。

――：何でも思うとおりになる？

**アオイ**：何でも思うとおりにっていうか、やっぱ自分のわがままが通せるっていうか、かな？

そして、こうしたことを考えていたのは、「上位」のグループに所属していた生徒だけではありません。「下位」の「穏健派」グループに所属していたというサクラも、「スクールカースト」で上位に位置づけられているグループに所属することは「好まれる」ことであり、「何でもいいようにクラスを動かせる」ようになるため、良いことだったのではないかと語っています。

どうやら、「上位」のグループに所属していなかった生徒から見ても、「スクールカースト」の上位に位置づけられるグループに所属することは、好ましく、望ましいことであると考えられているようだということがわかりました。

——：それ（上位のグループにいること）ってなんかいいことあるのかな？

**サクラ**：いいこと？　好んでた人はいたし、やっぱり何でもいいようにクラス動かせるから。うん。好まれる所なんじゃないですか。

## （5）「下位」の風景

**下も楽しいけれど……**

では、ここからは、「スクールカースト」の下位に位置づけられるグループに所属するということが、どのように捉えられているのかを見ていきたいと思います。

さきほどの「上位」に位置づくグループとは対照的に、「スクールカースト」の下位に位置づけられているグループに所属していた生徒からは、積極的にそのグループにいることにメリットを感じていたようなエピソードはあまり聞かれません。

――：それってそこのポジション（下位のグループ）に所属することもメリットとかデメリットあるのかな？

**サクラ**：うーん、どうなんだろ。メリットはまったく思いつかない（笑）。そこもグループ単位で行動できるときはいいんですけど、全体として動かなきゃいけないときに自分の意見はまったく通らないから、言えなくなっちゃうから、たぶん思ってるようにはなってないいんじゃないいかな。それはキツイと思いますね。うーん……。

**ハルキ**：なんか旅行っていうか、校外学習のときの班決めとかで、先生が「適当にグループ作っていいよ」って言ったときに定員がまずあるじゃないですか？　そのときは1班につき男女3人ずつって。高2の最初のときに仲が良かった目立たないやつらのグループは4人だったんですよ。んで3人組んで、女子と合流してそれで班ができて、僕はあぶれたんですよ。で、男子のほかのグループでまだできてないところ（が）あったから、「そこ入っていい？」って聞いたら、軽くひかれましたね。「えっ？」とか言われて。んで、「えっ」って言ったのが「イケてるグループ」だったので。んで「くそ。しょうがねえかあ」とか言われて。

サクラは、「スクールカースト」の下位に位置づけられているグループに所属することの「メリットはまったく思いつかない」と言います。同様にハルキも、校外学習の班決めの際に、「イケてるグループ」の班に入ろうとしたところ、「軽くひかれ」た経験があり、「イケてないグループ」に所属することは、自尊心を傷つけることであったことを語っています。

しかし、彼らのエピソードをよく見てみると、そういった見下されているような感じを受けるのは、他のグループとかかわり合わなければならない状況があった場合に限定されていることがわかります。

では彼らは、「下位」だと見なされているグループの中だけで行動しているときには、何も問題を感じていないのでしょうか。

### グループの中だけで行動できるときは楽しい

じつは、彼らのインタビューデータを見てみると、そのグループの中だけで活動できているときには、何も問題は感じておらず、むしろそのグループ内にいることに満足している様子がうかがえます。彼らの多くは、「スクールカースト」の下位に位置づけられているグループに所属していたとしても、同じグループ内の友人とともに時間を過ごすこと「それ自体は楽しい」と感じているようです。

――：いつも目立たないグループで集まってることは、あんまり楽しくないの？

**ハルキ**：いや、それは楽しい。そのグループで集まってること自体は楽しいんですよ。でも、まあまわりの評価は低いので。

**タケル**：うん。下どうしのグループであれば、この子たちがいるから、それはそれでいいから、そのときだけは楽しい。でも、クラスで何か一個のことをしなさいってなったときは、上にいたほうが絶対に楽しい。

上記のインタビューから、ハルキは「そのグループで集まってること自体は楽しい」と感じており、タケルもまた「それはそれでいい」と考えていることがわかります。

つまり、彼らが自尊心を傷つけられたり、居心地の悪さを感じたりしてしまうときというのは、主に「クラスで何か一個のことを」する際に、まわりから自分の所属するグループへの「評価」が低いと感じられてしまう状況に限定されるようです。

つまり、グループでの活動それ自体に何か問題が生じているわけではなく、そのグループ以外のメンバーからそのグループへ過度の干渉があった場合や、もし、干渉がなかったとしても、自分のグループに向けられる視線が「評価が低い」と感じられる場面に限定して、彼らは学級集団の中で居心地の悪さを感じているということがわかると思います。

また、彼らの中には、何らかの理由で、学校生活の中で一時点だけ、下位だと見なされるグループではなく、「スクールカースト」の上位に位置づけられているグループに所属した経験を持つ者もおり、次に見るように、その経験を、とても居心地の良かった経験として記憶していることを語っています。

**上がいなければ、下だっていろいろできる**

以下に示すのは、修学旅行中に、普段とは違う「地位」を経験したという、ハルキのエピソードです。彼は、このエピソードをとても楽しそうに僕に話してくれました。

**ハルキ**：(修学旅行で)タイ行って、1日目からみんなが食中毒になって、4泊5日の旅なんですけど、初日で食中毒になるやつがいっぱい出てきて、もう2日目3日目になると、半数以上の人が腹(を)下して、修学旅行どころじゃなくなったんですけど、まあそのとき、その高2のときの「イケてるグループ」のやつらが全員、食中毒になったんですよ。んで残ってるやつらでやってたんで、まあそんときにまた（新しく）グループというか繋《つな》がりみたいなのができたんで、まあそんときはまあ楽しかったです。僕らは食中毒にならずに過ごしていたので。

――：なんで「イケてるグループ」だけ食中毒（になったの）？

**ハルキ**：まあいろんなやつがなってたんですよ。ほとんど。僕はずっとバスの中とかで、盛り上げ役というかそういうポジションに就くことができたんですよね。だからまあすごく楽しかったというか。

――：その「イケてるグループ」がダウンしてるから？

**ハルキ**：ポジション奪えた、みたいな（笑）。

下位に位置づけられる「イケてないグループ」に所属していたハルキは、高校2年生のときの修学旅行のバスの中で、本来「イケてるグループ」がすべき「盛り上げ役」のポジションを「イケてるグループ」の代わりに務めました。

ハルキの学校の修学旅行は、海外への修学旅行だったのですが、初日から食中毒になった生徒が相次ぎました。そのときハルキのクラスでは、たまたま食中毒になった男子生徒は

「イケてるグループ」のメンバーであり、ハルキらが所属する「イケてないグループ」はほとんど食中毒にはならなかったのだといいます。

そのため、修学旅行中のバスの中に、普段盛り上げ役となる「イケてるグループ」のメンバーはほとんどおらず、「イケてないグループ」のメンバーが、代わりに盛り上げ役としてバスの中の空気を作り出していたそうです。

長い学校生活のうちの一時点だけ、そのポジションに就いたエピソードを、ハルキは「すごく楽しかった」と語ります。また、そのことを「ポジション奪えた（笑）」とも語っています。

つまり、修学旅行中に、普段は『「イケてるグループ』がとるべきだ」とされている行動を、「イケてるグループ」が不在であったため、ハルキが所属する「イケてないグループ」がその役割をしてもよい状況が作られた……というように、彼がこの出来事を解釈していることがわかるでしょう。そしてハルキにとっても、この経験は「すごく楽し」かった経験として記憶されているようです。

ここから、もともとハルキらが所属する「イケてないグループ」のメンバーが、みんなを盛り上げるようなエンターテイナー的な素質や能力を持ち合わせていないわけではないことがわかります。だからこそ、「イケてるグループ」が不在の状況ならば、そういった行動をとることも十分にできたということが見てとれると思います。

## (6) カースト間の能力と「権利」と「義務」

### 押しが強い=コミュニケーション能力?

さて、ここからは、これらのエピソードを踏まえて、彼らの学校への適応感と、いわゆる「コミュニケーション能力」と呼ばれるものを「スクールカースト」の観点から検討していきたいと思います。

図3-2は、「スクールカースト」の地位ごとに学校への適応感の分布を示したものです。

確かに、彼らがインタビューで語っているとおり、上位の生徒であるほど、学校への適応感が高い傾向にあることがわかります。

ただ、「クラスの友だちに満足している」かどうかについては、他の項目に比べてそれほど大きな差は見られません。特に女子については、上位と中位で5・7ポイントほどの差しか

図3-2 「スクールカースト」地位と学校への適応感

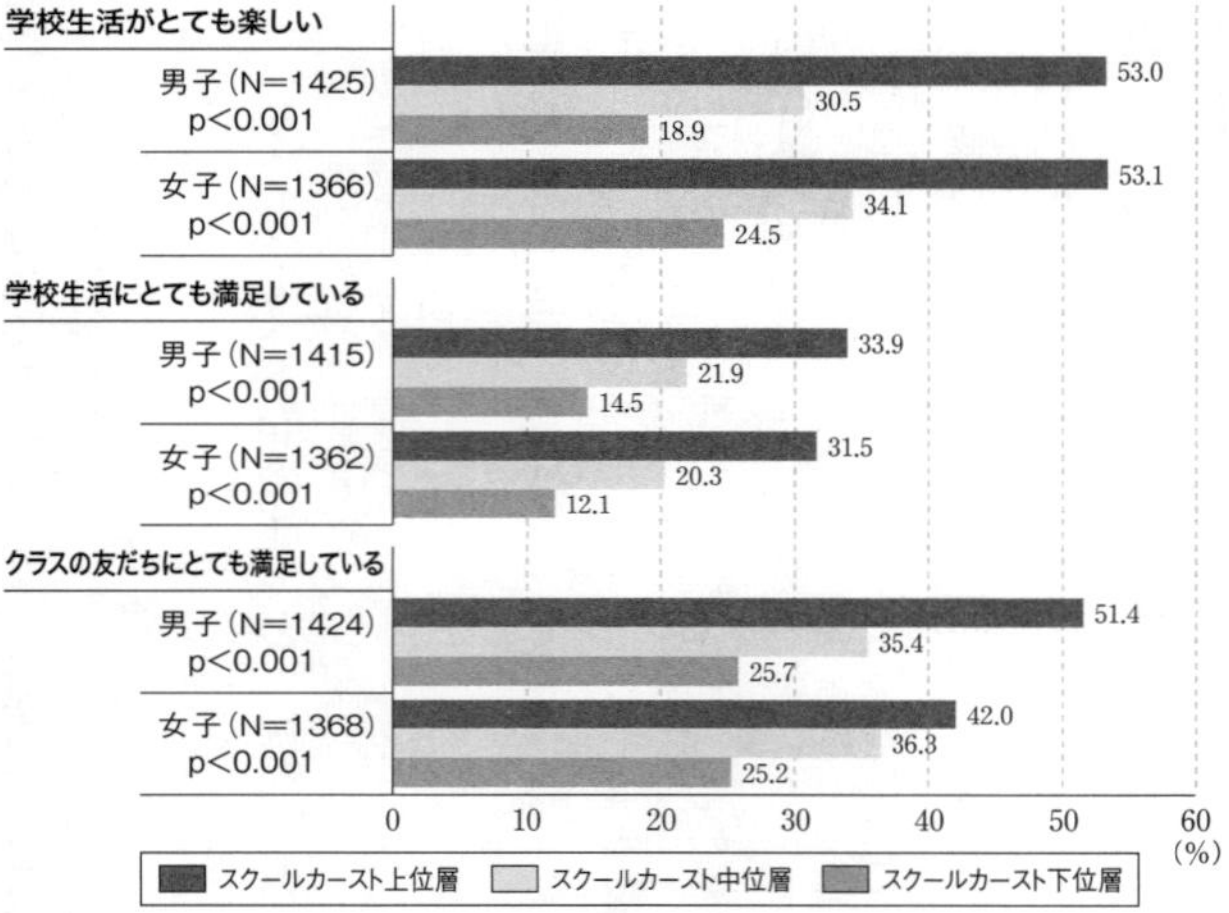


出典：神奈川県の中学生の生活・意識・行動に関するアンケート

見られないことがわかります。

しかし、全体的に見れば、「スクールカースト」の地位が上位であるほど、学校への適応感が高い傾向があることはこのグラフからわかるでしょう。

次の図3―3は、「スクールカースト」の地位と、いわゆる彼らのクラス内でのコミュニケーションの関係を図示したものです。

彼らが言うとおり、「スクールカースト」の地位が上位であるほど、「自分の意見を押し通す」ことができ、下位の生徒であれば、そのような生徒は少なくなっていく様子があることがわかります。

一方で、「クラスの友だちの意見に合

図3-3　「スクールカースト」地位とクラス内コミュニケーション

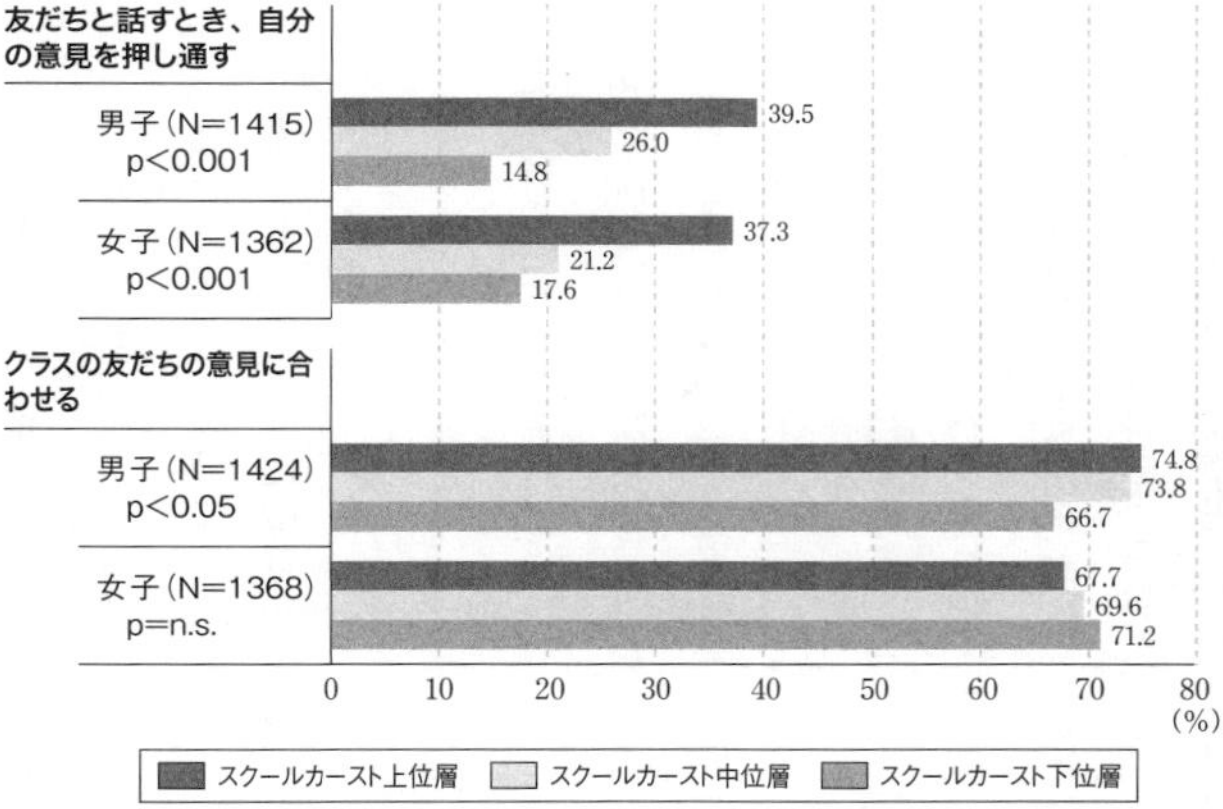


出典：神奈川県の中学生の生活・意識・行動に関するアンケート

わせる」ことに関しては、男女ともにそれほどの差は見られません。つまり、「スクールカースト」により、コミュニケーションのあり方に違いがあるのは、「意見を押し通す」ことであり、「友だちの意見に合わせる」ことではないことがわかります。

これまで、おとなたちは、「スクールカースト」はコミュニケーション能力によって決まってくる、としてきましたが、じつはそうではなく、何らかの理由から「自分の意見を押し通す」ことができる生徒が、コミュニケーション能力があるとされてきた可能性があります。

今回のハルキのインタビューを見ても、コミュニケーション能力があるから「スクールカースト」の上位に位置づくわけではなく、相対的に「スクールカースト」の上位に位置づく生徒だけが、意見を押し通すことを許容されているだけであるようにも見えます。

ではなぜ、ハルキのように下位に位置する生徒たちは、「イケてるグループ」つまり、「スクールカースト」の上位に位置づけられるグループが顕在の状況では、盛り上げ役となることはできないのでしょうか。

**地位に見合った行動をとればいい**

この点に関して、ナナミは、所属するグループの「地位」によって、与えられている権利の数が違うと感じていたことを語っています。

**ナナミ**：だから、自分のランクを把握して、それなりの行動をとってたら何にも言われないです。ホント。それ相応の行動さえとっていれば、いじめられたりすることは、よっぽど運が悪くなければないと思うんですよね。まず、「下」には、騒ぐとか、楽しくする権利が与えられていないので、「下」のくせに廊下で笑ったりしてはいけないんです。「ちっ、邪魔だよ。あいつわかってねえな、不快だ」ってなります。「上」

のやつが廊下で騒いでる分には、「あ、楽しそうに騒いでらっしゃいますね」みたいな、まあ心の中では「うるせえな」と思うことはありますけど、言葉に出してしまうとダメです。「下」にそういった異議を言う権利は与えられていないので。それ言っちゃったら、治安がなくなってしまうし、クラスでのポジションが大変なことになっちゃうんですよ。それだから、注意できないんです。だから所属するランクによって、与えられる権利の数が違うんです。「上」のランクだったら、廊下で騒いでもいい権利、先生に突然授業中に話しかけてもいい権利、とかです。

――：立場が強ければ何やってもいいの？

**ナナミ**：そうですね。もし面倒なら学校行事に参加しなくてもいい権利も与えられるので、準備もしないで勝手に帰っちゃってもいい権利とか、みんなにやりたくないことを強いてもいい権利が与えられているので、誰もそのまわりに、「上」の方に文句言ってもいい権利が与えられていないので、問題になることはないです。そこに文句言える権利を持っているのは、同等ランクの方々だけですね。だからだいたい（「上」の人は）文句言われることはないです。

――：そういうもんかなあ。

**ナナミ**：言ったらダメなんです。「上」の人に「マジおめえムカつくよ」って言われたら自分のランクに影響して、権利の数が減ってしまうので、どうにも言えないですね。やっぱ一番「上」は、人事というか、ランクを操作する権利も与えられているので、だから怖いんです。

――：へー、はむかったらどうなるの？

**ナナミ**：「マジ意味わかんねえよ。ほんとナナミむかつくんだけど」って言われたり、運が悪かったら、学校でささいな楽しいことをする権利を奪われてしまうほどランクを下げられてしまうので……。すれ違うたびに「あいつ見てるだけでむかつくんだよね」とか存在自体を否定されてしまったりも、わりにあることなので……。いやー、言われたら、ドキッてするんですよ。なんだろう、あの感覚。まあ、対等になることはないんですよ。

ナナミにとって、グループの「ランク」は、その「ランク」ごとに与えられるとされる「権利の数」を決定していると捉えられています。

下位だと見なされるグループに所属すると、みんなの前で「騒ぐ」とか「楽しくする」といった権利が与えられないそうです。ナナミによれば、そうした権利の力は絶対であり、はむかうことは許されていません。なぜならば、「ランクが上」の生徒は、その「ランク」自体を操作する「人事」の権利も持っているからです。

そこで「ランク」相応の行動をとらなければ、「ランク」を今よりもっと下げられてしまい、今与えられている「学校でささいな楽しいことをする権利」も奪われてしまいます。そうした理由から彼らは、「上」の「ランク」の生徒がいる状況では、それ相応の行動をとることが強いられている、という現状があるようです。

しかし、次に見るように、その上位のグループに所属することも、楽しいことばかりではなかったとナナミは考えています。

**権利を使うのがつらい――上には上の苦労がある**

事実、ナナミは、「上位」に位置づけられているグループに所属していたという高校２年生の終わりに、学校を退学しています。

彼女によれば、そのことは、決して「スクールカースト」と無関係ではなかったといいます。では、上位に位置づけられるグループに所属していたナナミは、そのグループにいることをどのように感じていたのでしょうか。

**ナナミ**：ウチ高校は2年のちょうど最後までいて、3年生になる直前に辞めましたね。

――：あーそっかそっか。その辞めた理由にそういうランクとか関係あるの？

**ナナミ**：んー、ないって言ったら嘘になりますけど、単純に学校がつまらなかった……。ウチ一番上のランクだったんですけどね……。

――：ただつまんなかったの？

**ナナミ**：そうですねえ。なんかぱっとしないなあ。なんかウチもぱっとしないし、「1軍」として義務とかもあるし、発言しなきゃいけないとか、権利をちょこちょこ使わなければ何も進まないシーンとかあって、みんな黙ってるときとかあったら、「1軍」が仕切んなきゃいけなくなるんで、そこで権力使える人間が動かないと誰も何もやらないんで、そういうの面倒だったりとか、ここで早くナナミ言ってくれねえかな的な雰囲気が出るのがもうすごーく重荷で……。ウチが言わないと、とか、クラスの運営とか方向性を決めていくのが荷が重くて……。きつかった……。せっかく手に入れた「1軍」の地位なのに……。うん、いまいちでした。

ナナミは、中学校までは一貫して、「スクールカースト」で上位に位置すると見なされるグループに所属することはなかったといいます。彼女は、高校に入学してはじめて「ランク」の高いグループに入ったという経験を「なんか間違ってしまって……」と語っています。しかし、中学までに経験したことのない上位のグループでの生活は、彼女にとって、「せっかく手に入れた『１軍』の地位なのに」、その生活は「いまいち」だったといいます。それはなぜなのでしょうか。

インタビューデータを見てわかるのは、彼女は上位のグループに入ったことで、『『１軍』の義務として』権利を使わなければならず、そのことに重責を感じていたということです。

先に示したとおり、彼女は、上位のグループに所属するということは「与えられる権利の数」が多くなることだと解釈しています。その権利は、与えられているだけで使わなくてもいいのではなく、権利があるからには使わなければならないのだと彼女は考えています。

そしてそれは、『『１軍』の義務として』権利を使わなければ何も進まないのであって、クラスの方向性や雰囲気を決めていくために、そうした権利を使うことは、彼女にとっては重荷であったようです。

ちなみに、彼女の言う「クラスの方向性」を決めるという行為は、いわゆる学級委員長がするような、クラスをまとめるための行為とはかなり乖離《かいり》したものなのだそうです。

**ナナミ**：いやなんか、先生がウケねらいにきたら、「はあ~?」とか言わなきゃいけなくて（笑）。そういうこと言わなきゃ的な空気が教室にはあるんで（笑）。言わなきゃ空気がよどんでしまうというか。「帰りてえんだけど~」とか。「マジだりいよ」とか、そういう。特に帰りたくはないんですけどね。家に帰ってもヒマなので（笑）。そういうこと言わなきゃいけないんですよ。大変なんです、「1軍」も。

「1軍」の義務の例として彼女が挙げているのは、「帰りてえんだけど~」や「マジだりいよ」など、教師の発言や下位だと見なされるグループへの野次のようなものが大半です。こうした発言や、クラスメイトのランクを操作するというような、「1軍」としての行為が、中学校までそうしたグループに所属していなかった彼女にとっては、重荷としてのしかかっていたのだといいます。その後、彼女は学校の友人には相談することなく、学校を退学しました。

図3-4 「スクールカースト」地位の変化とキャラの演出

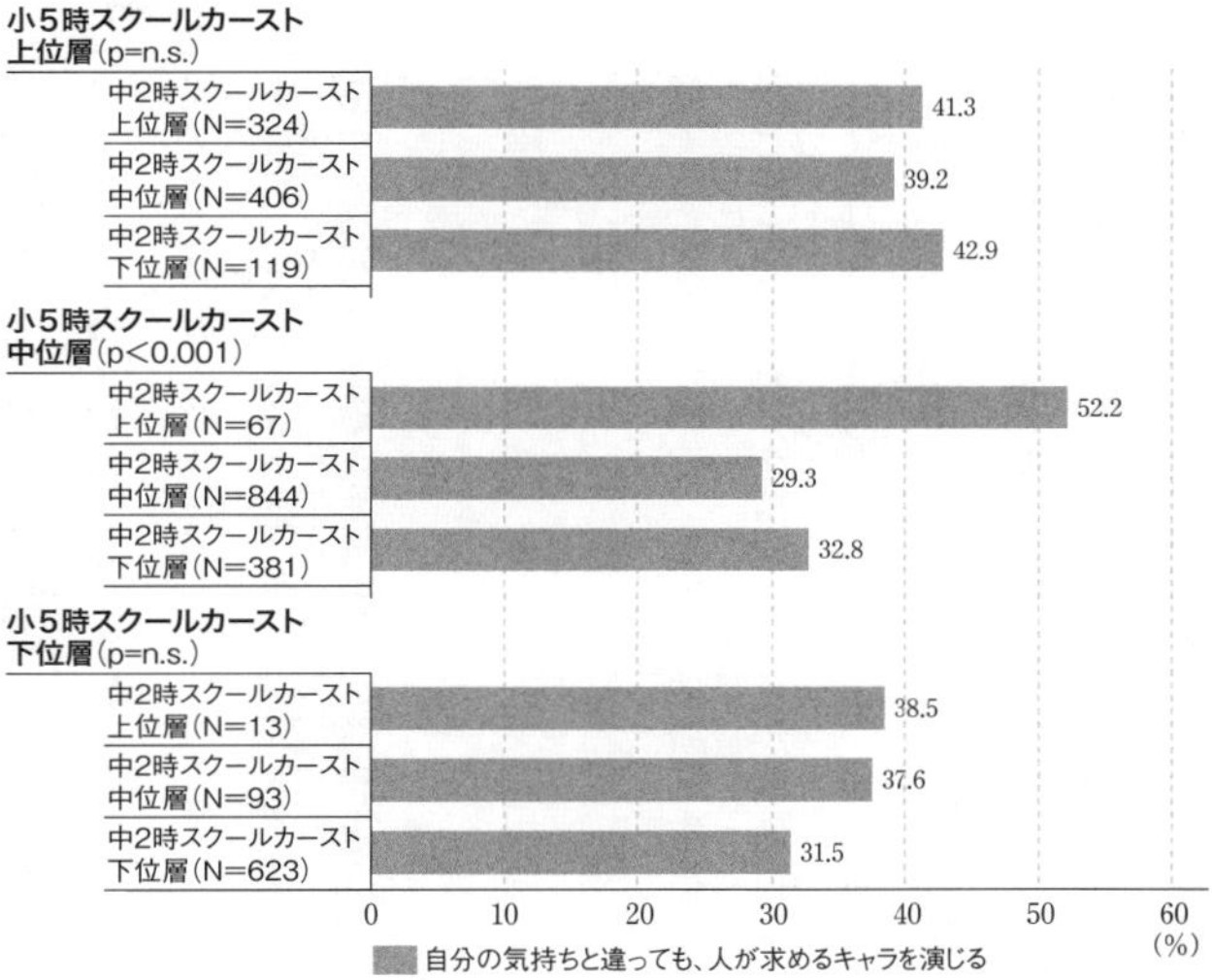


出典：神奈川県の中学生の生活・意識・行動に関するアンケート

このインタビューからわかるのは、「スクールカースト」の上位に位置づけられるグループに所属することは、ほとんどの生徒からすれば、「好ましく」「良いこと」であると受け止められていますが、そうしたことを重荷に感じる生徒もいるということです。

図3－4は、小学校5年時と中学校2年時の「スクールカースト」地位の変化によって、「自分の気持ちと違っても、人が求めるキャラを演じる」ことがあるかどうかを示したものです。

中2時の地位だけに着目すると、

どの地位であっても、「キャラを演じ」ているかどうかに差はないように見えますが、小5から中2で中位から上位に変化（上昇）した生徒においては、キャラを演じている傾向が顕著に見られることがわかります。

こうして考えてみると、「スクールカースト」は、下位の生徒のみならず、上位の生徒にとっても、学校生活を過ごすうえでの障害となっている可能性が見てとれるでしょう。

＊　　＊

この章では、それぞれのグループに所属することを、生徒たちがどのように把握し、そしてそれがどのような意味を持っているかに着目して、分析を進めてきました。

ここまで見てきたように、学校生活の中で彼らには、何らかの形で「スクールカースト」が見えており、その中でのさまざまな葛藤を経験しながら、「地位」に見合ったふるまい方を要求されていることがわかると思います。

しかし、生徒が互いに「地位の差」を把握し合っていることはわかっても、明文化されていないこのようなシステムを、どのようにして受け入れているのかということはわかりません。

今回、インタビューを行なった中に、この「地位の差」がわからない、もしくは見たことがないという人は一人もいなかったことからも、何らかの要因から、このシステムを受け入れざるをえない、いわば「維持のメカニズム」が働いていると考えていいと思います。

次章では、生徒が「スクールカースト」をどのように捉えており、それがいったいどのようなメカニズムで維持されているのかを、あらためて考えていきたいと思います。

**第3章のポイント**

【ポイント1】

○小学校時と中学・高校時では「スクールカースト」の認識が変化する。

・小学校時↓「個人間」の地位の差として認識。

・中学・高校時↓「グループ間」の地位の差として認識。

【ポイント2】

○上位のグループから下位のグループへの関わりが繰り返しある場合に、「地位の差」は顕在化する。

・その関わりは「いじめ」ではない。
・その関わりでクラスに「笑い」が起こる。
・その関わりは上位、下位のグループ両者が「空気を読んで」行なわれる。
○クラスでグループに所属していない生徒は、下位のグループからも見下される。

【ポイント3】
○上位のグループは、学校生活を有利に過ごすことができる。
○下位のグループは、グループ単位で行動できるときはよいが、全体で行動しなければならないときに思うようにならないことがある。
○上位のグループがいなければ、下位のグループでも教室の「ノリ」を作り出すことができる。つまり下位のグループは「ノリ」を作ることが苦手なわけではない。
○上位のグループには、さまざまな特権が与えられ、さらにそれを行使する義務がある。
○上位のグループには、「地位の差」をコントロールする人事権がある。
○下位のグループから上位のグループへ移動があった生徒にとっては、上位のグループにいることが負担になることがある。

# 第4章

# 「スクールカースト」の戦略

第3章では、児童生徒たちが「スクールカースト」をどのように把握していたかを明らかにしてきました。

児童生徒の言葉から、「スクールカースト」の下位に位置づけられるグループは、上位に位置づけられるグループから、「クラスみんな」のために、さまざまな行為で干渉を受けていることも明らかになってきました。

しかし、上位に位置づけられるグループに所属する生徒の中にも、「スクールカースト」の重圧に疑念を抱く生徒もいました。

だとすれば、「スクールカースト」は、下位のグループに所属している生徒だけではなく、上位のグループに所属している生徒にとっても、学校生活を送るうえで何らかの障害として立ちはだかっている可能性もあります。

そうであるならば、なぜ彼らは、理不尽であると感じながらも、クラスの中に「地位の差」が存在することを認め、「スクールカースト」を確かなものとして維持させていくのでしょうか。その矛盾した不思議なメカニズムを解明することが、この章の目的です。

この章では、まず「スクールカースト」の上位に位置づけられているとみなされているグループに所属する生徒と、下位に位置づけられるグループに所属する生徒が、どのような特徴を持つ生徒であると把握されているかを明らかにしていきます。

それぞれのグループに所属する生徒の特徴を描きだすことは、その力関係がいかにして生み出されていくかを明らかにするヒントにもなるかもしれないからです。

では、生徒たちは、それぞれのグループに所属する生徒をどのような特徴のある生徒の集まりだと認識しているのでしょうか。

今回も、第3章と同じく、「スクールカースト」の上位に位置づけられるグループに所属している生徒と、下位に位置づけられているグループに所属する生徒に分類して考察を行なっていきましょう。

## （1）上位グループの生徒の特徴

彼らのインタビューに耳を傾けてみると、「スクールカースト」で上位に位置づけられるグループに所属している生徒には、いくつかの共通点が存在していることがわかります。

共通点の一つ目は、「にぎやかな生徒」（ユウタ・ハルキ）だということ。そして「気が強い生徒」（サクラ・モモカ）、「若者文化へのコミットメントが高い生徒」（ハルキ・アオイ）、あとは「異性の評価が高い生徒」（アオイ・モモカ・タケル）などが挙げられています。

また、これらの要素は、生徒たちの特徴として一つ一つ独立して捉えられているわけではなく、複数の要素が重なり合っている場合も見られます。

では、インタビューを参照しながら、「スクールカースト」の上位に位置づけられるグループに所属する生徒の特徴が、どのように認識されているのかを見ていきましょう。

**にぎやかで、声が大きく、バスで後ろの席を占領する**

まず彼らは、にぎやかな生徒が集まっているグループを「スクールカースト」の上位に位置づけられるグループだと認識していることが少なくありません。

ユウタは、「スクールカースト」の上位のグループに所属している生徒は、たとえ「知らない、クラスが一度も一緒になったことがない子」だったしても、見ればすぐにわかるといいます。なぜならば、そうしたグループに所属している生徒というのは、決まって、教室の中で「固定して一番騒いでいる人たち」だからです。

また、そうしたグループに所属する生徒は、一様に「声が大きく」、「クラスの空気を生み出し」やすいそうです。

そうした状況が「大体決まって」どのクラスでも「固定して」見られることから、ユウタは「スクールカースト」の上位に位置づけられるグループに所属している生徒は、そうした特徴を持っているのだと考えています。

**ユウタ**：たいてい固定して、一番騒いでる人たちっているんですよ、どのクラスにも。そういう人たちが大体決まってるから、たぶんあのグループが上かな、みたいな。

カノンは、遠足などの行事の際に、バスの「後ろの席」が「中心的な男子」に「占領され」ることがあり、上位に位置づけられるグループの生徒にはそういった特徴があるのではないかと考えています。

**カノン**：遠足とか行ったら、それこそ中心的な男子ってすぐわかる。ほんと、何でかわかんないけど、バスの一番後ろに固まってるから（笑）。

――：なんで後ろいるんだろ？　てか、そういうのって席決められてなかったっけ？

**カノン**：まあ騒ぎたくてそこに集まっていくんですかね。マジでうるさい。私、出席番号後ろのほうなんで、だいたい後ろの席のはずなのに、ちょっとトイレ行ってたら占領されたりしてることよくあって。

また、学校の行事のときにそういった差がはっきりと見えると感じていたのは、カノンだけではありません。ハルキは、文化祭などの行事のときに、上位に位置づけられるグループに所属する生徒と、下位だと見なされるグループの生徒の行動に、はっきりとした差異が見えると話してくれました。

**ハルキ**：わいわいやってるほうが、「イケてるグループ」って感じですかね。目立ってわいわいやってるって感じで。「目立たないグループ」でわいわいやっててもしょうがないですから（笑）。（文化祭の出し物の練習のときに）その「目立たないグループ」でダンス踊って、あっちがわいわいやってるとですね、まあダンスやるのが、むこうは、「イケてるグループ」は楽しいみたいなんですよ。目立ってるし。先輩とも仲良くしゃべってたりして。こっちは別に普通に練習して、なんか別にそんなに楽しくないというか。

――：何でだろ。ダンス自体がってこと？

**ハルキ**：一生懸命やってるんですけどね。だんだん気持ちがマイナスの方向に……。目立たないがゆえに、こう、マイナスの方向に行ってしまうんで。むこうの「イケてるグループ」のほうがアピールの仕方がうまいっていうか……、先輩に対しても。最初から人気があるので、ある程度有利なんですよ。

――：自分らのグループに対してはそうでもないってことかな？

**ハルキ**：そうですね。それでまたどんどん気持ちが下がっていって、差がそれでまたどんどん開いていってしまう。

――：なんの差が？

**ハルキ**：またその目立たない立場っていうか、その力の差がどんどん明確になっていく。

ハルキの学校の文化祭では、全校生徒が参加する出し物としてダンスがあります。ダンスは文化祭のメインイベントで、学年を縦割りで区切って、先輩や後輩と一緒にチームが組まれ、それら複数のチームでの対抗戦という形式をとります。そこで披露されるダンスはオリジナルのもので、選曲や振り付けは、すべて生徒たちがお互いに意見を出し合って決めていきます。

ハルキはそのダンスの練習の際に、上位に位置づけられている「イケてるグループ」と下位に位置づけられている「イケてないグループ」の力関係が明確に表れると感じていました。というのも、「イケてるグループ」は「最初から人気があ」り、「アピールの仕方がうまく、先輩たちと仲良くし、「わいわい」楽しくダンスを練習しているのに対して、「イケてないグループ」は、あまり仲良くすることができず、ダンスの踊り方を詳しく聞き出せないので、なかなかダンスが上達せず、練習を楽しくすることができないからです。

そのため、どんどんダンスに対する「気持ちがマイナスの方向に」動いていってしまうのだといいます。もちろん本番では、「イケてるグループ」よりも、明らかに「イケてないグループ」のほうがうまく踊ることができませんから、「悪目立ち」してしまいます。

先にもハルキが言ったように、ダンスは文化祭のメインイベントであり、全校生徒の注目を受けて行なわれます。そのことから、ハルキはそうした悪循環が、「目立たない立場」である自分たちのグループとの力の差をさらに明確に、そして強固なものにしていくのだと語っています。

つまりハルキは、もともと人気があり、先輩たちとうまく仲良くできる生徒の集団は、「スクールカースト」の上位に位置づけられるグループであり、そうしたことができない生徒の集団が、下位に位置づけられるグループであると解釈していることがわかります。

このように、ユウタやハルキは、固定してみんなで楽しくにぎやかに騒いだり楽しんだりしている生徒を、「スクールカースト」の上位に位置づけられるグループに所属する生徒の特徴として捉えているのです。

**気が強く、仕切り屋**

次に挙げられていた特徴は、「気が強い」ということでした。この特徴は、特に女子のグループに関してよく聞かれます。

たとえばサクラは、小・中・高校のどの段階を振り返っても、「スクールカースト」の上位に位置づけられるグループに所属する生徒は、気が強いと感じていました。

まわりのクラスメイトの気持ちを考えずに、「自分が自分が」と行動する「過激派」グループの生徒は、サクラにとって「自己中」に見えることもよくあったそうです。

――：そうか。あとはねえ、（「地位の差」は）小中高全部あったって言ってたけど、その強い立場にいる人の特徴みたいなの教えてくれるかな。

**サクラ**：特徴は、うーん、とりあえず気が強い。

――：小中高ともに？

**サクラ**：うん。気が強い子が多かったですね。で、やっぱりまあ自己主張が強くて。

――：小中高全部、一緒？

**サクラ**：まあ全部共通してると思いますけどね。そこは。

またモモカは、「スクールカースト」の上位に位置づけられる『清楚』から上のグループ」、つまり、「清楚」グループと「ヤンキー」グループが、クラスで出しゃばっており、そうした出しゃばっている生徒が数多く、上位グループに所属していたと認識しています。

図4－1は、「スクールカースト」の地位と「クラスメイトに自分の意見をはっきりと伝えることができる」という項目の関係を示したものです。確かに、インタビューで言われるような関係性が男女ともに見られることは、このグラフからもわかります。

図4-1　「スクールカースト」地位と自己主張

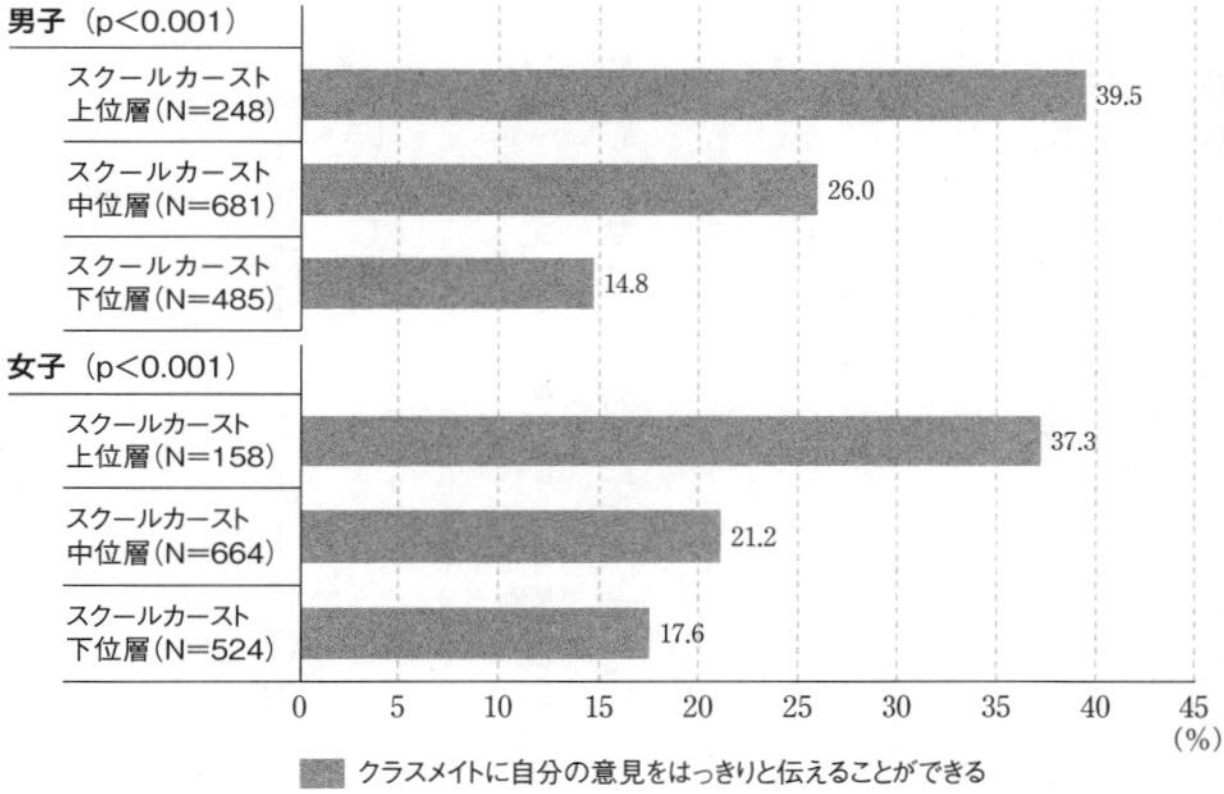


出典：神奈川県の中学生の生活・意識・行動に関するアンケート

さらにモモカは、彼女ら「スクールカースト」の上位に位置づけられるグループが自己主張できる背景には、彼女らは「男ウケ」が良く、そのため「男が言うこと聞くから、クラスの中で一番仕切ってた……ってわけじゃないけど、出しゃばってた」のではないかというように語っています。

**モモカ**：やっぱ「清楚」から上のグループじゃん、そういうのって。だってさ、清楚なのって清楚に見えるけどやっぱ男好きっていうかさ、男ウケもいいわけじゃん。んで、男も言うこと聞くから、クラスの中では一番仕切ってた……、ってわけじゃないけど、出しゃばってた、かな。「みんなで仲良くしよう」みたいな感じではあった。

このように、モモカは、「男ウケ」の良さを武器にして「出しゃばる」ことができる生徒が、「スクールカースト」の上位に位置づけられるグループに所属する生徒だというように認識していました。

**「男ウケ」「女ウケ」がいい——異性の評価が高い**

さらにモモカは、「男ウケ」、すなわち異性からの評価が高い生徒が、「スクールカースト」の上位に位置づけられるグループに所属している傾向があるとも語っています。

事実、ほかのインタビュー対象者からも、異性の評価が高い生徒が、上位に位置づけられるグループに所属していたという話は聞かれました。

図4－2は、彼女らの言う「スクールカースト」の地位と、「異性の評価」の関係を検証するために、「スクールカースト」の地位と「恋人の有無」の関係を検証したものです。

もちろん、異性の評価は、「恋人の有無」だけで測ることができるわけではありませんが、その一指標として、確かに同様の傾向が見て取れます。

図4-2 「スクールカースト」地位と恋人の有無

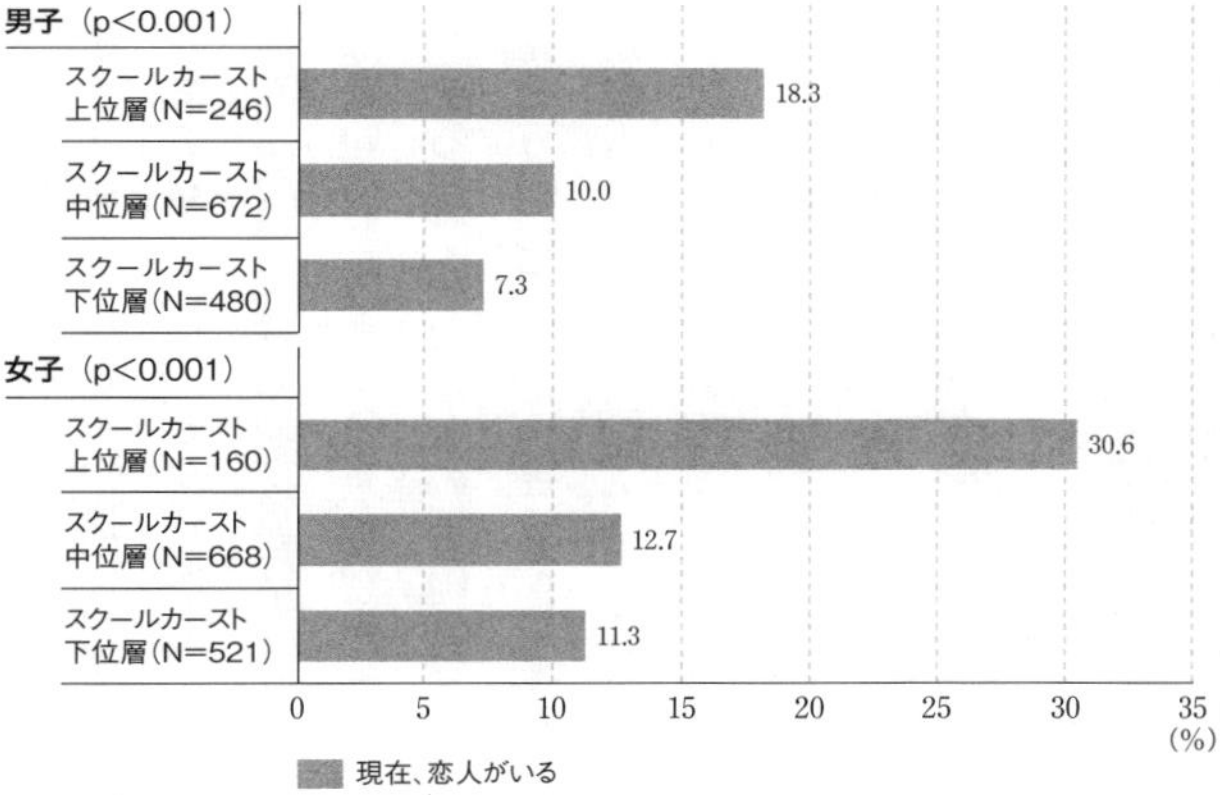


出典：神奈川県の中学生の生活・意識・行動に関するアンケート

ですが、ここで言う異性の評価が高い生徒とは、モモカの言うように、「男ウケ」、すなわち、単に異性から「モテる」生徒だけを指すものではありません。たとえば、アオイは異性の評価をもっと広い意味で捉えています。

**アオイ**：（男子は）女子に認められると、立場変わる、強さが変わる。だから意識はしてないとは思うんだけど、やっぱなんか女子に立てられると、なぜか強くなる。でも、女子は別に立てようかと思ってるわけじゃないんだけど、イケてる女子がなんかの理由で立てようとする男子は強くなっていくような、そんな気がする。

アオイは、男子の立場の強さの決定権が、「イケてる女子（グループ）」の生徒にあると感じています。つまり、そのグループに所属する生徒の誰か、もしくはそのグループに所属する生徒みんなが「『イケてる女子（グループ）』に認められると」立場が強くなるようになるのではないかと考えているということです。

「イケてる女子がなんかの理由で立てようとする」というのは、「モテる」ということももちろんそうなのですが、どうやらそれだけではないようです。アオイは、「めちゃめちゃキャラがおもしろくて、『イケてる女子』がそのキャラを気に入ると」男子の立場は強くなっていくとも言っています。

また、そのほかには、特に上位に位置づけられる女子グループの中で「みんなからかわいい」と認識されているような女子生徒と交際している男子生徒が、「スクールカースト」の上位に位置づけられるグループに所属している男子生徒の特徴である、という話も聞かれました。

男子がどこのグループに所属しているのかわからなかったと答えるのは、女子に特に多く見られました。それでも、そのグループが「スクールカースト」の中でどの地位に位置づけられるかということを把握するために、上位グループに所属している女子と交際している男子は、地位が高いというように、力関係を特定していることも聞かれます。

次のモモカの話はその一例です。

**モモカ**：（男子の場合は）かわいい子と付き合っているのは立場強かったと思うかなあ。ユウカちゃんと付き合ってた滝沢とかいうのは、立場強かったかなあ。ユウカちゃんの彼氏だから。

モモカは、男子に関しては、誰が「スクールカースト」の中で上位に位置づくかということは、「女子ほど判断できなかった」と言っていましたが、「清楚系」に所属する特にかわいいとされている女子（ユウカ）と付き合っている男子（滝沢）は、立場が強かったのではないかとしています。

その男子の「地位」が高いから、その男子の立場が強いのではなく、「ユウカちゃんの彼氏だから」その男子の「地位」が高くなるとモモカは考えているのです。

また、そうした特定の異性とでなくても、「彼女」がいるということ自体が、もうすでに、

「スクールカースト」の上位に位置づけられるグループに所属している生徒の特徴だと捉えている生徒もいます。特にそうした認識は、下位に所属していたという過去を持つインタビュー対象者から多く聞かれます。

**タケル**：（上位のグループにいる生徒の特徴は）彼女（がいる）とか（笑）。やっぱりその、ランク高いっていうか、積極的っていうか、そういう人は有利なのかも。オレの友だちとか、まあ友だちじゃないけどね、あの人は。（付き合っている女の子を）とっかえひっかえしてる人でさあ、もはやそれを中心に生きてる人とかはね、合コンとかすっごい行ってたもんね。

タケルは、「彼女」がいる生徒自体を「ランク（が）高い」生徒であると感じています。「彼女」がいる生徒は、そもそも「積極的」であり、恋愛をするうえで「有利」なのであって、恋愛へのコミットメントが高いということは、立場の強い自分ということの証明になっているということも聞かれました。

**若者文化へのコミットメントが高い――女子は容姿に気を遣う**

また、そうした恋愛市場への参入のために、上位に位置づけられる生徒は、若者文化へのコミットメントもまた高いといいます。彼らは、変わりゆく流行に敏感に反応し、他者へのアピールを欠かさないのだそうです。

ですから、若者文化へのコミットメントと所属するグループのランクの高さは、密接に関連しているのではないかと捉えている生徒もいます。

前述したように、もともと容姿が端麗である生徒が「スクールカースト」の上位のグループに所属しているというよりは、むしろ、「努力」というキーワードで語られるように、流行に敏感にアンテナを張り巡らせ、それをキャッチできるような生徒が、「地位」が高いと捉えられています。

**タケル**：あとねー、女子の強い（グループに所属している）子は、かわいいかかわいくないかは別として、努力はしてるって感じがする。たとえば、メイク（の仕方）とか髪（型）とか。制服もスカートは短いし、持ってる小物とかもなんか自分の好きなもの、好きなブランドを持ってるんだろうなって思ってた。

――：そういうものへの努力っていうのは見える感じがするんだ？

**タケル**：やっぱりそういうの持ってると自分に自信があるんだろうね。かわいいのにそういうとこパッとしない子は、地味なグループにいたりする。ほかの子はそんなにかわいくないいみたいなグループにいたりする。顔だけの女子は。

――：そうだよねえ。あとはねえ、聞き忘れたんだけど、クラスの中にいる立場強い子の特徴教えて。

**ハルキ**：髪を染めてる。バイトしてる。あとはえーと、学校活動に、行事に積極的。うーん、ダンスとかバンドとか音楽的なものに積極的。

タケルは、「スクールカースト」の上位に位置づけられるグループに所属する女子生徒は、「かわいいかかわいくないかは別として、努力はしてるって感じがする」と語っています。

そのような努力をアンケート調査で検証することは非常に難しいです。

そこで、代わりに「クラスメイトに容姿をほめられる」という項目を用いて、「スクールカースト」との関係を検証してみたいと思います。

図4-3 「スクールカースト」地位と容姿

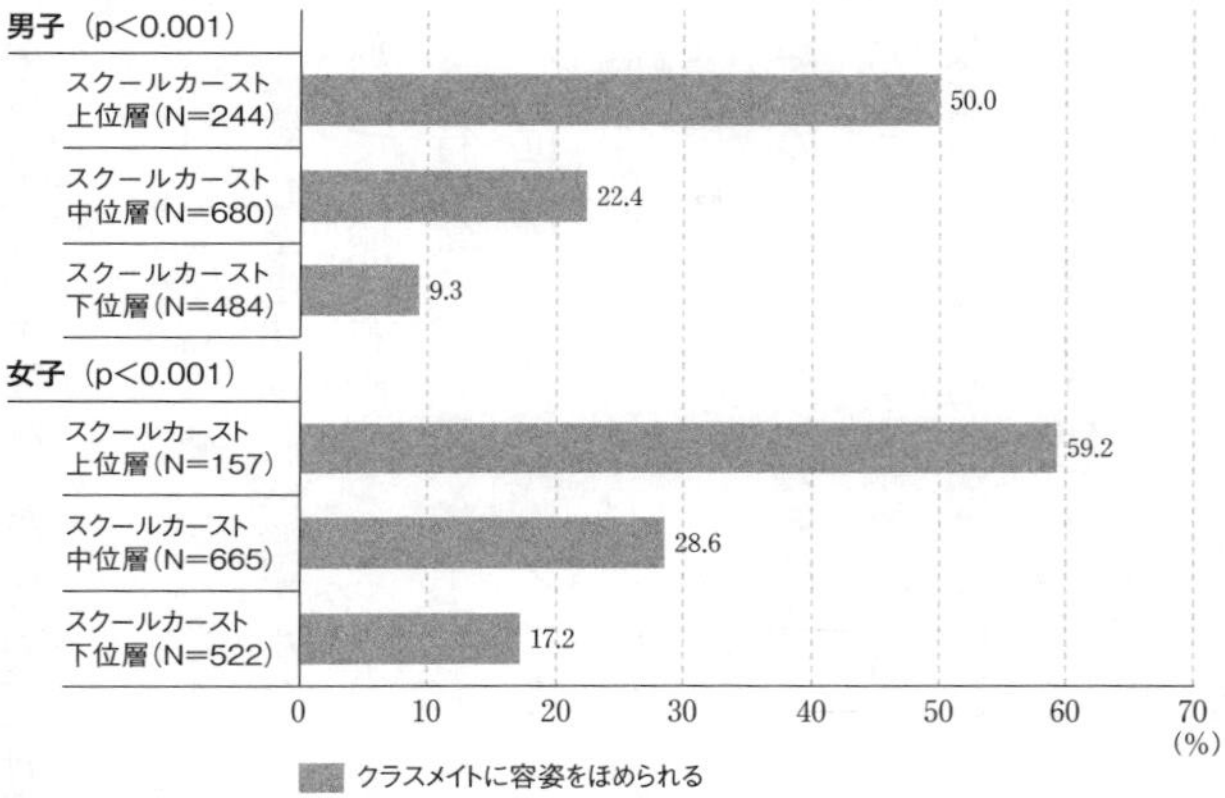


出典：神奈川県の中学生の生活・意識・行動に関するアンケート

もちろん、実際の容姿の優劣の評価は、個々人で好みも違いますし、本当にいろいろな要素に左右されることが想定できます。ただし、「クラスメイトに容姿をほめられる」かどうかという項目を用いることによって、そのクラスで受け入れられる容姿であるかどうかはある程度検証可能であるとも考えることができるかもしれません。

図4－3に示したとおり、男女ともに「スクールカースト」の地位が高いほど、「クラスメイトに容姿をほめられる」傾向が高いことがわかります。

つまり、「メイク」や「髪」型に人一倍気を遣ったりするような生徒が、そうしたグループに数多く所属しているということです。

ここから、上位の生徒は、ただ単純に容姿が端麗だということだけではないことがうかがえます。

タケルは、「顔だけ」整っているような女子は、「地味なグループ」に所属していることもあり、そうした生徒は、「卒業アルバムとか見てもやっぱり飛び抜けてる」にもかかわらず、修学旅行で私服で行動するときにも、「それ『しまむら』で買ったでしょ?」というようなあまり流行に気を遣わない様子が見られ、それゆえ、彼女のような生徒が「スクールカースト」の上位に位置づけられるグループに所属することはまずなかったといいます。

逆に、「特別かわいい」わけではないが、「顔だけ」ではなく流行に気を遣い、まわりの視線を気にしているというような生徒が、上位に位置づけられるグループに所属していた傾向があったのではないか、と彼は考えています。

またハルキも、容姿が端麗ということだけではなく、「髪」型に気を遣ったり、ダンスやバンドなどの若者文化的な活動に高いコミットメントを示す生徒が、立場が強く、「スクールカースト」の上位に位置づけられるグループに所属していたのではないかと考えていました。

## 男子は運動ができるイケメン

**アオイ**：でもね、やっぱりね、男子のその頂点にいたのは、運動もできて、顔もカッコいい感じだった。努力もしてるっていうか……。

――：勉強とかも？

**アオイ**：勉強は関係ないかなあ。んで、運動ができるだけで、顔がそうでもないのが、2番手みたいな感じで。

――：ただのイケメンは？

**アオイ**：ただのイケメンはいなかった。イケメンのくせに運動ができない人はいなかった。世の中不思議だなあって思ってた。なんでイケメンはもれなく運動ができるんですかね？

――：イケメンだから運動できるのかな？

**アオイ**：運動できるからイケメンになったんじゃないですか？

――：カッコよく見えるんじゃないの？　運動できたら。

**アオイ**：いやそうじゃなくて、だって見た目全然カッコよくないけど、運動できる人もいたから。

――：それは頂点にはなれないんだよね？

**アオイ**：うん。2番手止まりだったかな。

アオイもまた、「運動もできて」「顔もカッコいい」感じだった男子は、「スクールカースト」の上位に位置づけられるグループに決まって所属していたと考えています。

また、そうしたものへの「努力」も、彼らからは垣間見ることができたそうです。アオイは、「運動ができ」ることが男子の中では重要だとしていますが、あらゆるスポーツの中で、そのうちの何かができればいいというわけではありません。

つまり、「女子からカッコいいとか、『やるじゃん』っていう感じ」を思わせることができるようなスポーツでなければ、意味がないのだそうです。ですから彼女は、「卓球とかバド（ミントン）では（いくらできても）ダメ」であるとも語っています。

このことから、若者文化へのコミットメントを高く評価している女子が、高く評価するような特徴を持つ男子が、「スクールカースト」の中で、上位だと見なされるグループに所属しているのではないかとアオイは考えているようです。

図4-4　部活動での成果の発揮と「スクールカースト」地位

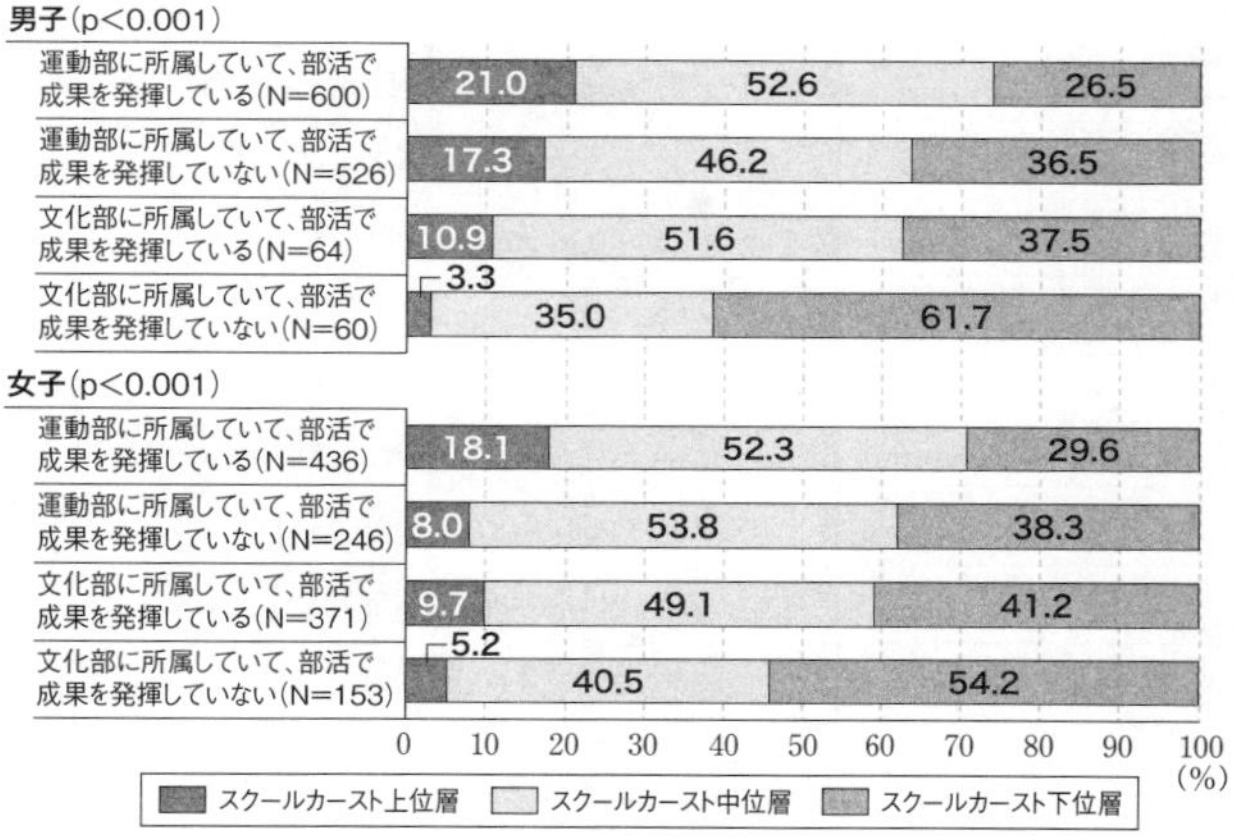


出典：神奈川県の中学生の生活・意識・行動に関するアンケート

「スクールカースト」の地位と、「運動ができる」ことの関係を検証するために、ちょっと複雑になりますが、運動部で成果を発揮しているか、文化部で成果を発揮しているかどうかを検証したものが、図4－4です。「運動部で成果を発揮している」生徒を「運動ができる」生徒だと見なすと、男女ともに、「スクールカースト」の地位と相関関係があることがわかります。

また同様に、アオイの言う、容姿と運動ができるかどうかの関係を検証したものが、図4－5になります。

男子は確かに、「運動部で成果を発揮できること」が重要であり、文化部で成果を発揮できていても、容姿との関連は見られないこ

図4-5　部活動での成果の発揮と容姿

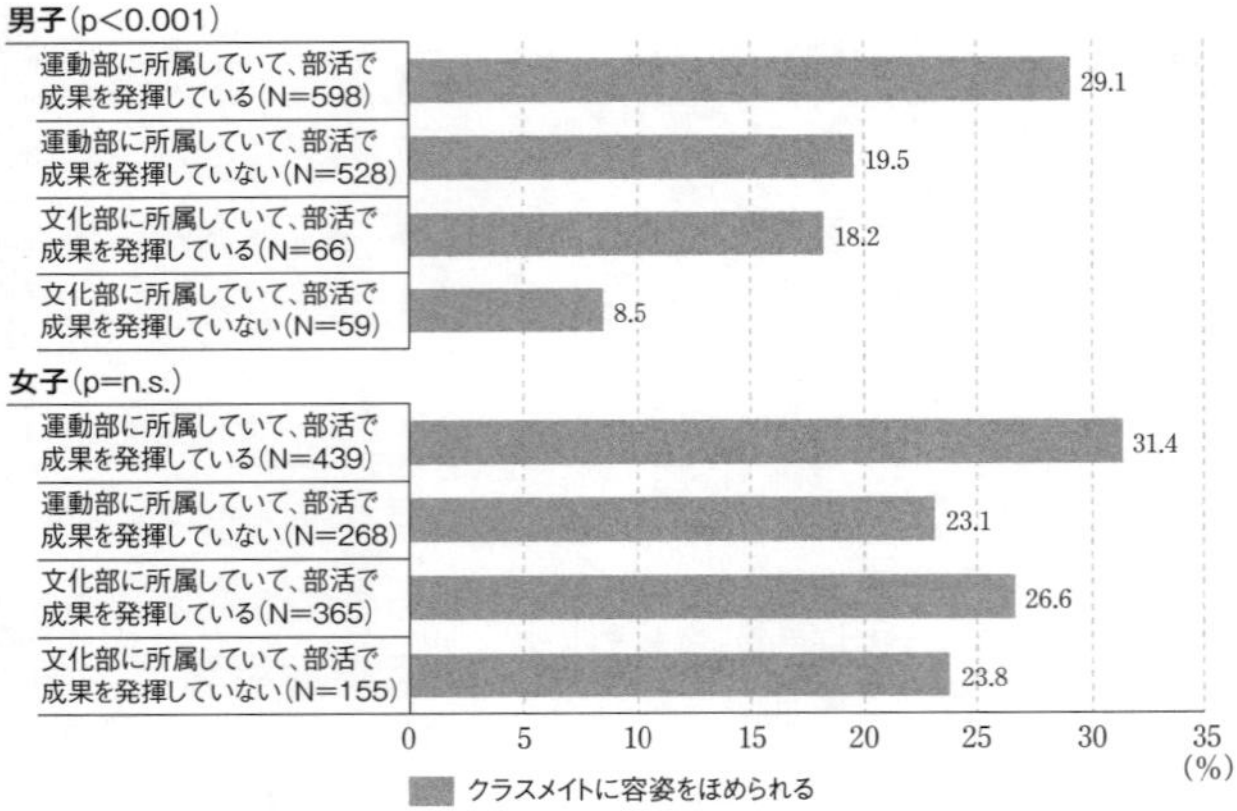


出典：神奈川県の中学生の生活・意識・行動に関するアンケート

とがわかります。しかし、女子にはそうした関連は見られず（有意差なし）、何かが得意でも、あるいは得意でなくても、容姿との関連は見られないことがわかるでしょう。

このことから、アオイの言う関係性は、男子特有のものだと考えることができそうです。

さらに、試みに、「所属する部活動」と「スクールカースト」の地位、「恋人の有無」、そして「容姿」の関係をアンケート調査から見てみます（図4－6）。

男子において、「スクールカースト」の地位と「所属する部活動」「容姿」「恋人の有無」の三つの項目との関係は似ていますが、女子においてはそうしたことはあまり言えないことがわかると思います（図4－6では全体よ

図4-6　所属する部活動と「スクールカースト」地位、容姿、恋人の有無

(%)

| | 部活動 | 中2時スクールカースト地位 上位層 | 中位層 | 下位層 | クラスメイトに容姿をほめられる | 現在、恋人がいる |
|---|---|---|---|---|---|---|
| 男子 | 音楽系（N=35）<br>例：吹奏楽部、合唱部、音楽部など | 14.7 | 47.1 | 38.2 | 25.0 | 17.1 |
| | 芸術系（N=24）<br>例：美術部、演劇部、書道部など | 8.3 | 29.2 | 62.5 | 16.7 | 0.0 |
| | その他文化系（N=70）<br>例：科学部、家庭部、生活部など | 2.9 | 45.6 | 51.5 | 6.0 | 2.9 |
| | 武道系（N=45）<br>例：剣道部、柔道部、弓道部など | 23.4 | 34.0 | 42.6 | 22.2 | 4.4 |
| | 個人競技系（N=168）<br>例：陸上部、水泳部、体操部など | 20.8 | 53.8 | 25.4 | 24.3 | 12.5 |
| | ラケット競技系（N=285）<br>例：テニス部、卓球部<br>バドミントン部など | 13.1 | 47.9 | 39.0 | 25.1 | 8.1 |
| | 球技系（N=642）<br>例：サッカー部、野球部<br>バスケットボール部など | 22.0 | 50.0 | 28.0 | 24.7 | 13.1 |
| | 所属していない（N=142） | 11.6 | 43.8 | 44.5 | 15.7 | 7.7 |
| | 合計（N=1411） | 17.8 | 48.2 | 34.0 | 22.7 | 10.6 |
| 女子 | 音楽系（N=250）<br>例：吹奏楽部、合唱部、音楽部など | 12.6 | 50.6 | 36.8 | 28.9 | 10.4 |
| | 芸術系（N=219）<br>例：美術部、演劇部、書道部など | 3.7 | 40.1 | 56.2 | 22.3 | 6.8 |
| | その他文化系（N=61）<br>例：科学部、家庭部、生活部など | 8.1 | 53.2 | 38.7 | 24.6 | 13.1 |
| | 武道系（N=21）<br>例：剣道部、柔道部、弓道部など | 13.6 | 36.4 | 50.0 | 14.3 | 19.0 |
| | 個人競技系（N=112）<br>例：陸上部、水泳部、体操部など | 16.8 | 53.1 | 30.1 | 33.3 | 17.9 |
| | ラケット競技系（N=291）<br>例：テニス部、バドミントン部<br>卓球部など | 11.4 | 54.3 | 34.3 | 29.1 | 12.0 |
| | 球技系（N=287）<br>例：バレーボール部、ソフトボール部<br>バスケットボール部など | 15.7 | 53.3 | 31.0 | 26.3 | 21.6 |
| | 所属していない（N=128） | 14.5 | 39.5 | 46.0 | 34.9 | 18.8 |
| | 合計（N=1369） | 11.9 | 49.4 | 38.7 | 27.9 | 14.2 |

出典：神奈川県の中学生の生活・意識・行動に関するアンケート

図4-7　学業成績と「スクールカースト」地位

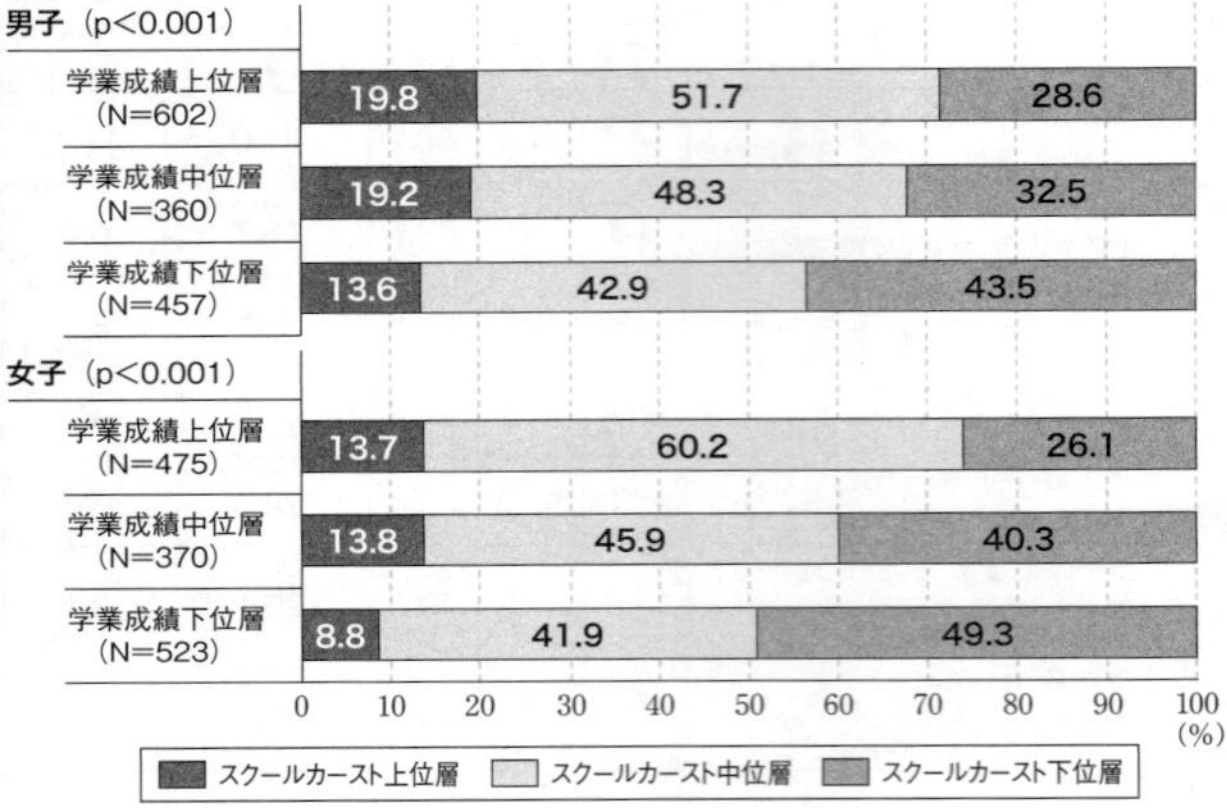


出典：神奈川県の中学生の生活・意識・行動に関するアンケート

りも割合が高いものに網掛けしています）。

とはいっても、部活動と「スクールカースト」の地位や「容姿」、そして彼らの言う「男（女）ウケ」とが無関係ではないことが、わずかながらうかがうことができます。

## 学業との関係はいかに？

これまで行なわれてきた研究では、学校で勉強ができる生徒は、みんなの支持を得ることができると考えられてきました。ところが、これまでの本研究のインタビューでは、彼らは口々に「勉強は関係ない」ということを語っています。実際のところはどうなのでしょうか。

図4－7は、「スクールカースト」の地位

と「学業成績」の関係を示したものです。

確かに、上位と中位の生徒との間に、学業成績の差はあまり見られませんが、下位との間には、明確な学力差が見られることがわかります。上位と中位とのあいだには、はっきりした差は見えませんので、何とも言えませんが、「スクールカースト」が上位や中位の生徒が、勉強ができないというわけではなく、「スクールカースト」下位の生徒のほうが、学業成績が低い傾向があるということはうかがえます。

## （2）下位グループの生徒の特徴

**特徴はない。しいていえば、地味。**

ここまで見てきたように、「スクールカースト」の上位に位置づけられるグループに所属する生徒は、何かの限定つきではありますが、はっきり何かしらの特徴がある生徒の集団として描かれるという傾向があります。

では一方で、「スクールカースト」の下位に位置づけられるグループに所属する生徒は、どのように捉えられているのでしょう。

どうやら、はっきりと何かしらの特徴を持って把握されている上位グループの生徒とは違って、下位だと見なされるグループに所属する生徒に何らかの特徴を見出すことは、かなり難しいようです。

挙げられる特徴も、「地味」や「おとなしい」といったものがほとんどであり、積極的に目立つ行動を起こすことがないということ自体が、彼らの特徴として捉えられていることがわかります。

――：じゃあさ、逆に立場弱い子の特徴は?

**ユウタ**：まあ地味だよね(笑)。

――：見た目が?

**ユウタ**：見た目もそうですけど、なんつうか、クラス内でもいつも静かにしてる人たち。

――：友だち(は)いないの?

**ユウタ**：友だち(は)いるけど、静かな友だちなんですよ。なんかみんな普通固まるんですよ、静かなのが。類友《るいとも》じゃないけど（笑）。なんか固まってるんだよ（笑）。地味な子って、勝手に地味な子で集まるんですよね。見分けつかない、本当にあのグループは（笑）。

――：逆に弱い子はどんな子だったの？

**アオイ**：立場的にですよね？

――：うん。

**アオイ**：えーと弱いっていうのはそうだなあ。やっぱ、おとなしいっていうか、まあおとなしい。特徴はうーん……って感じで。

――：下のほうのグループっていうのは誰でも入れるの？

**ナナミ**：いや入れるっていうか、受け皿なので。

このように、「スクールカースト」の下位に位置づけられるグループに所属する生徒の特徴を、はっきりと述べることができるインタビュー対象者は、上位だと見なされるグループのそれに比べてかなり少ないようです。

彼らはみな、何らかの基準で生徒を分類しているにもかかわらず、特徴を表現することができないのです。その中でかろうじて挙げられるのは、「いつもクラスで静かにしてる」(ユウタ)、「おとなしい」(アオイ)といったものであり、積極的に特徴や行動特性を見出しているわけではありません。

ユウタは、そうした特徴のない生徒が自然に集まっていく様子を「類友」と表現しています。アオイもまた、「特徴はうーん……」というように、ただ、「おとなしい」生徒というようにしか捉えていません。

またナナミは、こうした「スクールカースト」の下位に位置づけられるグループは、上位に位置づけられるグループに所属できなかった生徒のために、仕方がなく形成されているグループだと捉えており、こういったグループを「受け皿」であると考えています。

ここまで、「スクールカースト」の中で、上位だと見なされるグループと、下位だと見なされるグループに所属する生徒の特徴に差異を見出すことを目的として、分析を進めてきました。

最後に紹介したように、「スクールカースト」の下位に位置づけられるグループを「受け皿」と表現している生徒もいました。「受け皿」というのは、「スクールカースト」の上位に位置づくグループに入ることができない生徒たちが、仕方なく集まって、グループを形成する様子から名づけられたものでしょう。

このように、彼らにはグループ間の力関係ははっきりと見えており、グループが形成される段階から、その選抜が行なわれているということもわかってきます。

しかし、もちろんその力関係は公のものでもなければ、明文化されているわけでもありません。もちろん、上位に位置づけられているグループに所属する生徒が力関係を受け入れていることは納得できます。しかしながら、下位に位置づけられているグループに所属する生徒も、またなぜかその力関係を受け入れ、それを内面化して学校生活を過ごしているのです。

ではなぜ、彼らは下位だと位置づけられているにもかかわらず、その力関係を受け入れているのでしょうか。そこにある力関係への抵抗や葛藤はないのか。

次節からは、そうした問いに答えていきたいと思います。

## （3）なぜ、力関係を受け入れるのか？

**下位から見た上位——人気はあるが、好きなわけじゃない**

第3章では、「スクールカースト」の上位に位置づけられるグループに所属する生徒が、下位だと見なされるグループに所属する生徒を見下して、何らかの過度な干渉を行なうことを明らかにしました。

しかし、下位に位置づけられるグループに所属する生徒はもちろん、無条件でそうした力関係を受け入れているわけではありません。

下位だと見なされるグループに所属している生徒は、上位に位置づけられる生徒を尊敬しているわけではなく、嫌悪感を抱いていることもよく聞かれました。ただ、彼らによれば、そうした嫌悪感が表立って口に出されることはきわめて少ないといいます。

――：（ナナミは）立場弱いところから強くなったっていうこと言ってたけど、話聞いてる感じだと、立場が強くなるってことは、人から、クラスメイトから嫌われていくっていうことなの？

**ナナミ**：人気は、変わんないかもですけど、とりあえず目立つようになったぶん、反発もどこかで起きるわけで、って感じですかね。基本的には、でもやっぱ上にいたほうがみんな寄ってくるというか。あ、そもそも話しかけても無視されないとか、なんか、あーあっち（下位にいる側）も「答えなきゃまずい」っていうのはあるんで。なんていうのかな？　嫌われる素振りを見せられることはないかな。本当かどうかは知らないけど。

ナナミは、「スクールカースト」の上位に位置づけられているグループの生徒は「人気」はあるが、「目立つようになったぶん、反発もどこかで起」こり、嫌悪感を抱く生徒の数も多くなっていくといいます。

しかし、彼らは、実際に嫌われているかどうかは別として、「嫌われる素振りを見せられること」はありません。実際には、嫌われたり嫌がられたりすることがあるにもかかわらず、

「スクールカースト」の上位に位置づけられるグループに所属している生徒には、クラスメイトが「みんな寄ってくる」のだそうです。

では、なぜ良い印象を持っていない生徒に対して、彼らは、「寄って」いき、「嫌っている素振り」を見せないのでしょうか。この点に関して、アオイは「とりあえずめんどくさいから」であると答えています。

**アオイ**：だからとりあえず従わないと、みんなとりあえずめんどくさいから、その子に従ってるふうにするんだけど、一部の子たちは、その子らとこう仲良かったけど、やっぱりなんか普通のほかの子たちは、あんまり口には出さないけど、好きではなかったと思う。

――：好かれてはなかった？

**アオイ**：うん。友だち多いふうなんだけど、じつはクラスの中にもその子らのことがあんまり好きではない子が意外に多くて。

アオイもまた、「スクールカースト」の上位に位置づけられるグループは、ほかのグループの生徒から「好きではない」と思われていることがあったのではないかと考えています。

上位だと見なされるグループに所属している生徒は、一見「友だち多いふう」であり、クラスメイトから支持されていると思われがちではありますが、じつは「自分勝手な行動」をすることが多いことから、「クラスの中にもその子らのことをあまり好きではない子は意外に多」かったとアオイは感じています。

それでも、「スクールカースト」の上位に位置づけられるグループの生徒に従っていたのは、アオイによれば、「とりあえずめんどくさいから」だそうです。

**だけど怖いし、めんどくさそう。自分だったら居づらいと思う**

「めんどくさい」からという理由から、「スクールカースト」の上位に位置づけられるグループに逆らわないということが聞かれたのは、アオイだけでしたが、「恐怖心」からそうしたグループに逆らうことができないという話は、ほかのインタビュー対象者からも聞かれています（サクラ・ハルキ）。

**サクラ**：そうですね。でも自分が弱いとかっては思ってなかったとは思いますけど、やっぱり自分の意見が言えない子は、そういう強い子たちにいろいろ言われてたんで。しかも、弱い子たちは「強い子、○○ちゃんがいるから、本当は言いたいけど、本当はこういうことをしたいけど、こういうこと思ってるんだってこと言いたいけど怖くて言えなかった」とは言ってました。

――：何か（上位のグループにいることに）デメリットは感じない？

**サクラ**：その（上位の）ポジション、あたしだったら居づらいってぐらいですかね。中心になっちゃって、自分が自分がっていうのは、やっぱ反感買うこととか多いじゃないですか。たとえ口に出されてなくても、やっぱ嫌だと思う子たちのほうが多いと思うんで居づらいんじゃないかなって。でも、やってる本人たちはそういう自覚なかったかもですけど。あたしだったら居づらいと思う。

――：いじってたほうに「おめえらやめろよ」みたいなことは言ったりしないの？

**ハルキ**：たぶんないです。おとなしい弱い感じのグループだったので。嫌だったけど、まあ、何も言わないし、言えない。恐怖感もありますしね、そのグループにたてつくのは。

サクラもまた、「スクールカースト」の上位に位置づけられているグループに所属することは、自分にとっては、「居づらい」だろうと感じています。

その理由は、アオイと同様に、「自分が自分が」というような自分勝手な行動をすることが多いため、クラスメイトから「反感を買うことも多」く、それゆえ、そうしたグループに所属することには、サクラは魅力を感じないということです。

ここでも、「スクールカースト」の上位に位置づけられるグループに対して、嫌だという気持ちがありながらも、「怖くて」反抗できないということが語られています。

このように、「スクールカースト」の上位に位置づけられるグループに「恐怖心」を感じているのは、ハルキも同じです。

ハルキは、「スクールカースト」の上位に位置づけられるグループに「いじられる」たび、「嫌」な気持ちになっていたが、「何も言えな」かったといいます。彼が、「何も言わないし、言えない」のは、自分が所属していたグループが「おとなしい弱い感じのグループ」だったことと、上位に位置づけられるグループに「恐怖心」を抱いているからだったそうです。

彼らは、「めんどくさい」、「恐怖心」という言葉で、上位に位置づけられるグループに所属する生徒と衝突することを避ける傾向があります。

ではなぜ、彼らは、同学年の特定のグループの生徒に、「めんどくさ」さや「恐怖」を感じるのでしょう。次からは、そのメカニズムを探っていきます。

**「上」の反感を買わないように、細心の注意を払う**

彼らが、「スクールカースト」の上位に位置づけられるグループの生徒との対立を、「めんどくさ」さや「恐怖」という言葉で避けようとするのには、どうやら理由があるようです。

彼らは、上位に位置づけられるグループに所属する生徒は気が強く、自己主張が激しいため、何か言われると言い返せない雰囲気があったといいます。

**サクラ**：うーんとねえ、でも、やっぱなんか怖がられてるグループみたいなのがあって、気が強い女の子とかだと、それは、女子は、そういう子たちのほうが立場強かったのかなあとは思いますね。

――：その女子の気が強い子グループは、どういう人たち？

**サクラ**：スポーツ系で、バレー（ボール）部に……、そうだ。あたしの学校はバレー

（ボール）部に入ってる子がけっこう、気が強い子が多かったんで。

――：バレー（ボール）部が強いの？

**サクラ**：そうですね。しかも、部活でもやっぱりチームっていうか集団でやるじゃないですか？　だから結束力もすごい強いし、しかも気が強いっていうので、結構怖がられてて、けっこう、うん、気に入らないとすぐ悪口言うし、人気もある子たちだったので、ちょっと怖くて言い返せないとか、そういう雰囲気があったりはしました。

（中略）

**サクラ**：体育とかは、わりと仲良くやってたと思うんですけど、運動（が）苦手な子たちっていうのもいるじゃないですか？　そういう子たち（上のグループ）に「ちゃんとやってくれない？」とか言われたり（してた）。やりたくてもできない子とかもいるじゃないですか？　でもやっぱ、そういうことを言われちゃうような子たちがやっぱり立場弱くなっちゃいますよね。どうしても言われちゃうと萎縮しちゃって、やっぱり。

――：スポーツできない子が言われちゃうんだ？

**サクラ**：そうですね。でもそういうこと言われちゃうと、積極的にやりたくてもやっぱやれなくなっちゃったりとかする子もいたとは思うんですけどね。

サクラは、「結束力が強」く、「気が強い」ということで恐れられている、バレー部に所属する生徒には、何かを言われたとしても言い返すことはできなかったといいます。

特にバレー部の生徒は、体育の球技の時間に「運動（が）苦手な子たち」と同じチームになると、「ちゃんとやってくれない？」と言ってくることがあり、そうしたバレー部の生徒には「萎縮してしまって」強く言い返すことができない生徒もいました。

強く言い返すことができないのは、バレー部の生徒は、「人気もあ」り、「気に入らないとすぐ悪口（を）言う」からです。下位に位置づけられるグループの生徒は、「人気があ」り、学級集団全体に影響力を持つようなグループを特に恐れており、それゆえ、そういったグループへの抵抗を避けているというようにも考えられます。

また同様にタケルも、「スクールカースト」の上位に位置づけられるグループの生徒には、「反感を買わないように」細心の注意を払って学校生活を送っていたことを語っています。

――：そこ（上位のグループ）に関わりあったの？　タケルくんは。

**タケル**：関わりはないことはないんだけど、まあ反感は買わないようにはしてた。何人かはいたの、やっぱりね、合唱とかも「みんなでがんばろう」とかその8人（上のグループ）で言ってて、まあ結局、まあ集まるんだけど、基本は。でもそこで帰っちゃった子とかって、「何考えてんの？　あいつ」とか言われてて、そういう感じになっちゃってたから。

タケルは、「スクールカースト」の上位に位置づけられるグループの生徒には、「反感は買わないようにして」いたといいます。

タケルの学校では、学校行事の中でも特に合唱祭に力を入れており、本番が近くなると放課後に練習が行なわれることもよくありました。その練習はもちろん自主参加ですが、その彼らの意向に添わず、帰ってしまった生徒には、手厳しい制裁が加えられたそうです。

それは上位に位置づけられるグループから、「何考えてんの？　あいつ」というように、自分の知らないところで低い評価が下されるということです。タケルは、そうしたことを恐れて、そのグループには「反感を買わない」ように注意して、学校生活を送っていたことを語っています。

彼ら上位に位置づけられるグループの生徒は、しばしば学校生活の中で、「やる気」をほかの生徒に要求することがあるといいます。前述したタケルの例も、合唱祭の練習に「やる気」を求めた一例であると考えられるかもしれません。

**権力としての人間関係**

アオイは、上位に位置づけられるグループの生徒が求める「やる気」は、ただ純粋に「やる気」を求めているのではなく、ある条件付きで「やる気」を求めているのではないかと考えています。

**アオイ**：教室は、気合い……、うーん、やっぱやる気かな。（中略）そういう子たちは、みんなにやる気を求めるんだけど、求めるくせに誰かがすごい出しゃばると「おまえ調子のってんだろ」みたいな。結局、自分らが一番でいたいみたいな。やっぱそういう子たちが、まわりに「やる気を出せ」って言うのは、「自分を超えない程度に、自分を立てながらその範囲の中でやる気を出せ」みたいな意味だと思う。自分には従うけど、普通はやる気を出せって感じだと思う。だから何ていうんだろ、なんかとりあえず、自分に従って盛り上がれみたいな感じだと思う。

――：難しいね。

**アオイ**：ある意味まあ、いいとこ取りだよね。なんか、だからそういう子はまわりに、従いながら盛り上がってほしいんだよね。自分のまったく権力のはたらかないところで調子に乗られると「あいつ調子のってんね」とか言ってくる。

アオイが考える条件付きの「やる気」とは、上位に位置づけられるグループを「超えない程度」のやる気だということです。彼らが「やる気を出せ」と言うのは、「結局、自分らが一番でいたい」ため、「自分を超えない程度」に「やる気を出せ」という意味であり、ゆえに、彼らが求めるのは、条件付きの「やる気」であると考えています。

そしてアオイは、こうした条件付きの「やる気」を求めることを、学級の中には「権力」が「はたら」いているからだと捉えていました。

では、「スクールカースト」が「権力」で成り立っているならば、「スクールカースト」の上位に位置づけられるグループに所属していた生徒は、この「権力」をどのように受け止めていたのでしょうか。

**上位にいれば、嫌われない保障がある**

じつは、下位に位置づけられていたグループに所属していた生徒だけではなく、上位に位置づけられるグループに所属していた生徒からも、自分たちが権力を持っていることを把握していたという声は聞かれています。

上位のグループに所属していたというモモカは、この権力を背景として、自分がほかの生徒に何をしてもよい存在であったことを語っています。

以下のインタビューからは、「スクールカースト」の上位に位置づけられる「清楚系」のグループに所属していたというモモカが、その権力によって、自分が何をしても「敵対のまなざしが来ることはない」と考えていた様子がわかります。

**モモカ**：えーと、いや、たとえ誰かにアタシがひどいこと（を）したとしても、でも別に、特にアタシに敵対のまなざしとかが来ることはないですよ。アタシ人泣かしたりしてたし……。別のクラスのヤンキーとも仲（が）良かったから。

上位の「清楚系」グループに所属していたモモカは、「たとえ誰かにひどいこと（を）したとしても」自分に「敵対のまなざしが来ることはない」と考えています。その理由は、モモカは小学校のときから「仲（が）良かった」「別のクラスのヤンキー」が友人であり、その関係性を背景に、自分のクラスの「ヤンキー」グループの生徒にも「ひどいこと」をしても大丈夫だったからだそうです。

このようにモモカは、「別のクラスのヤンキー」との仲の良さを背景として、ある程度自分の感情の思うままに学校生活を送っていたことがわかります。

これは、「スクールカースト」の下位に位置づけられるグループに所属する生徒が、上だと見なされるグループの生徒に「めんどくさ」さや「恐怖心」を覚え、自分の行動を制限していたのとは、まったく対照的でもあります。

ここまでで、「スクールカースト」の下位に位置づけられるグループに所属する生徒が、上位だと見なされるグループに所属する生徒に抱く感情に焦点を当てることによって、以下の点を明らかにしました。

まず、「スクールカースト」の上位に位置づけられるグループに所属する生徒は、クラスメイトから単純に好かれているというわけではないということです。

また、「スクールカースト」の下位に位置づけられるグループに所属する生徒は、上位に位置づけられるグループから受けるある種の制裁を恐れているようです。そのため、彼らに対する否定的な態度は、表立って表されることはほとんどありません。

彼らが恐れる制裁というのは、上位のグループに気に入られないことに起因して生じる、自分たちに向けられる否定的な態度です。それらは「スクールカースト」の上位に位置づけられる生徒が「結束力」や「影響力」を持つがゆえに、制裁という形としてはたらくため、下位だと見なされる生徒には、畏怖《いふ》の対象となりうるのだと考えられます。

こうした構造を「権力」として捉えている生徒もいました。「スクールカースト」の上位に位置づけられる生徒は、権力を保持しており、そのため、自分の権力の届かないところで行動されることを「調子にの」っているという言葉で表し、制裁を加えることもあります。

そして、そういった権力を持つ生徒は、自分の立場の優位性から、まわりの感情を気にせず、自分の思うとおりの行動をとることができます。

しかし、「スクールカースト」は、厳密にポジションが定められた、明文化されたシステムではないので、何らかの要因を背景として、彼らの「地位」が変化しても不思議ではないように思えます。

では、「スクールカースト」の「地位」の固定性について、彼らはどのように捉えているのでしょうか。次節からは、「地位」の固定性に着目して分析を進めていきましょう。

## （４）なぜ、地位は「固定」するのか？

### 自分の力では「地位」は変えられない

今回のインタビュー対象者は、じつは口を揃えて、「スクールカースト」における「地位」は固定的で、自分の力では変えられないと答えています。

しかしよく考えてみると、学級集団というのは、学校生活の中で常に同じメンバーで構成されるわけではありません。

たいていの場合、学年が上がるたびにクラス替えはありますし、学校段階が変化すれば、違う学校出身の生徒を含めて新しいクラスが編成されます。そのメンバーの変化にともなって、「スクールカースト」上の「地位」だって、変化する可能性は十分に考えられます。

しかし、今回のインタビューから、そうした「地位」の変化の様相に関するエピソードが聞かれることは、まれにしかありませんでした。

では生徒たちは、メンバーの入れ替えをともなう契機をどのように捉えているのでしょうか。この契機は、「スクールカースト」の「地位」を流動化させる要因として機能しないのでしょうか。

ここからは、「地位」の固定性に着目して分析を進めていきたいと思います。

**クラス替えが変化を生まない理由**

まず、生徒たちがクラス替えをどのように把握しているかを明らかにしていきます。

不思議に思うかもしれませんが、彼らは、クラス替えを経ても、「スクールカースト」上の「地位」は固定的で、大きな変化が起こることはまずない、と考えているようです。

ほとんどの生徒は、小学校から中学校までの「地位」を固定的であるように見ていて、高校段階でも、在学中に変化が見られた生徒を知る者は少ないといいます。クラス替えや学校段階の変化があったとしても、彼らは「地位」の変化が起きた生徒をほとんど見たことがないのだそうです。

――：（「地位」が）変化した生徒っていた？　前はここじゃなかったのに、みたいなの。

**サクラ**：えーでも、あんまり変わんなかったかなあ。高校のときはない。中学校もないかなあ。

――：クラス替えとかでも？

**サクラ**：クラス替えくらいだと、もういろんな噂が耳に入ってくるので。知ってるから、人伝えに聞いたりとかけっこうあるから、クラス替えでは、やっぱりそこはどうにもならないとは思いますね。やっぱ、前のクラスで強かった子は、次のクラスでも強いっていうのは、普通ですよね。

――：ふーん。そうかあ。そのさ、立場っていうのはいつわかるもんなの？

**アオイ**：いつって？

――：だからさあ、教室入った瞬間にさあ、クラス替えあって、まあ教室入るじゃん。

**アオイ**：あー、どの生徒がどこの立場かってこと？
――：そうそうそう。
**アオイ**：えーとウチの学校の場合は、小学校と中学校のメンバー変わらないから、9年間一緒だから、なんとなくもうわかってる。だいたい9年いるともうだいたいわかるし、それはもう変わらない。

サクラは、少なくとも中学校や高校在学中に、「地位」に大きな変化があった生徒を見たことがなかったと言います。そしてその固定性は、クラス替えを経ても、同じだそうです。その理由として、サクラは「いろんな噂が耳に入ってくるので」その変化が起こることは、難しいのではないかと語っています。そして、それは「普通」なのだそうです。

同じようにアオイもまた、普段の学校生活の中ではもちろんのこと、クラス替えを経たとしても、生徒の立ち位置に変化はないと考えているようです。それは、9年間同じメンバーを見ていれば「だいたいわかる」ので「それは変わらない」のだとしています。

彼女らは共通して、「地位」が固定的であることを当然だと考えており、そうしたことに疑問を持つ様子は見られませんでした。

しかし、彼女らの語る、「地位」の固定性を保障するような「噂」や『一緒』である経験」というのは、いったいどのような意味を持つものなのでしょう。

この点に関し、ユウタは、次のように答えています。

――：クラス替えとかでも変わらない？

**ユウタ**：はじめに第一印象で下になっちゃった人って、そこから上がる人オレは見たことがない。

――：下がるほうは？

**ユウタ**：下がるのはよくあるんですけど。下がるのはいくらでもいるんですけど、上がるっていうのはオレは一度も見たことがないと思います。

（中略）

――：クラス替えっていうのもさ、ある意味小さいけどリセットしてるんじゃん？それではあんまり変わらないの？

**ユウタ**：クラスは変わりますけど、やっぱり学校の中で、自分の立ち位置っていうのがもうできあがっちゃってるので、変えにくいんですよ。しかもその別のクラスに過去の自分を知ってる人がいっぱいいるから、完全にその閉鎖された空間じゃないから、その放課後（授業が）終われば、部活やってたりするわけだし、そこでクラスを超えた関わりもあるし、情報が漏れて（い）るから。うん。

ユウタはサクラやアオイとは違い、「下がるのはいくらでもいる」が、上に「上がる」生徒は見たことがないと語っています。また、そうしたことが起こらないのは、「情報が漏れて（い）る」からであると考えていることがわかります。

ユウタの言う「情報」とは、「立ち位置」に関する情報だといいます。ユウタによれば、「過去の自分」つまり、過去のクラス内での立ち位置を知る者が学校内にいるため、たとえ学級集団が再編成されたとしても、自分の「立ち位置」を変えることは難しいと考えているのです。彼らは、同じ学校にいる限り、「部活やってたり」して「クラスを超えた関わり」があり、それぞれの生徒の立ち位置に関する「情報」を知らず知らずのうちに交換しています。

そのため、学年が同じならば、部活動やそのほかの活動を通して、それぞれの生徒のポジションやキャラクターに関する情報が共有され、「スクールカースト」の「地位」は、学級集団が改組されたとしても、流動性はかなり低くなるようです。

ユウタが言うように、「完全にその閉鎖された空間」、つまり、生徒の立ち位置に関する情報を完全に遮断《しゃだん》した空間でなければ、彼らが形作る「スクールカースト」に変化が生じることはかなり難しいとも考えられるでしょう。

**キャラを変化させてもムダ**

タケルもまた「スクールカースト」上の「地位」は固定的であり、自分の力では変えられないと考えています。そのため、タケルは、下位だと見なされるグループに所属しているときには、そうした現状に対して受け入れざるをえない状況があったことを語っています。

**タケル**：オレ（が思うの）はねえ、総入れ替えのときに、どうなるかじゃないかな。たとえばいじられ側のターゲットが変わったり、その上のグループの3人の中での1人が、ほかの2人から「ちょっとあいつ最近ウザくねえ?」みたいなことになって、（ランクが）落ちたりとか、自分がどうとかじゃなくて（まわりの生徒が）何か変わることがないと、下の子たちは上がれないと思う。

――：自分の力ではどうにもならないってこと?

**タケル**：うん。たとえば自分が（急に性格を変えて）すごく明るくみんなに「おはよう！」って言っても、別に変わるものじゃない。だからまわりが総取っ替えじゃないと、もうダメ。

――：てかさっき聞き漏らしたけど、上に行けないっていうのは聞いたんだけど、行きたいっていう気持ちはあるの？

**タケル**：なかったかな。このままでいいってことはないんだけど、変わらないって思ってたから。特にそれに向かっての努力はしなかった。

――：あきらめてた？

**タケル**：あきらめてたっていうか……、うーん、でも……、それがキーワードで言えば一番近いかな。言葉としては……。

タケルは、「地位」は固定的だとしながらも、それでももし、生徒の地位に変化が生じる契機があるとするならば、「総入れ替え」のときではないかと考えています。

しかし、それは残念ながら自分の努力では変えられないとも感じています。

タケルが例として挙げているのは、「すごく明るくみんなに『おはよう！』と言うように、

図4-8　小5時「スクールカースト」地位と中2時「スクールカースト」地位

| | 小5時スクールカースト地位 | 中2時スクールカースト地位 | | |
|---|---|---|---|---|
| | | 上位層 | 中位層 | 下位層 |
| **男子**<br>(p<0.001) | 上位層（N=508） | 39.6 | 47.4 | 13.0 |
| | | 14.3 | 17.2 | 4.7 |
| | 中位層（N=607） | 5.4 | 64.4 | 30.1 |
| | | 2.4 | 27.9 | 13.0 |
| | 下位層（N=288） | 3.5 | 15.3 | 81.3 |
| | | 0.7 | 3.1 | 16.7 |
| **女子**<br>(p<0.001) | 上位層（N=343） | 36.2 | 48.1 | 15.7 |
| | | 9.2 | 12.2 | 4.0 |
| | 中位層（N=681） | 5.1 | 66.1 | 28.8 |
| | | 2.6 | 33.2 | 14.5 |
| | 下位層（N=330） | 0.9 | 15.2 | 83.9 |
| | | 0.2 | 3.7 | 20.5 |

※上段は行%、下段は男女別の全体%

出典：神奈川県の中学生の生活・意識・行動に関するアンケート

自分のキャラクターに変化を見せても、その「地位」に変化は生じないと感じている、というようなものです。「自分がどうとかじゃなくて（まわりの生徒が）何か変わること」がなければ、「地位」に変化が起きることは難しいということです。

ですから、タケルは、クラスのメンバーが「総取っ替え」の状況であれば、「地位」の変更は可能なのではないかと考えています。

しかし、普通に学校生活を送っている限り、そのような状況に遭遇することはほとんどありません。そして彼は、その立ち位置に不満を持ちながらも、「あきらめ」るのだそうです。

図4－8は、小学校5年生時の「スクール

カースト」地位と、中学校2年生時の「スクールカースト」地位の関係を表したものです。この図からも、「スクールカースト」は、学年が上がるとともに、地位が下がることは容易でも、上昇することは難しい構造になっていることがわかると思います。

## 「クラス！」の恐怖

先ほど述べたように、この「スクールカースト」は、決して公の、明文化されたシステムではありません。ですから、普通に考えれば、それぞれの生徒の間で、「地位」の認識に齟《そ》齬《ご》が生じてもおかしくはありません。

齟齬があれば、地位は明確にはなりませんが、齟齬がなく一致すると、地位ははっきりと誰の目にも明らかになります。ですから、地位に対する認識が、クラス全体で共有されることを非常に恐れていた、という話も聞かれています。

タケルは、そうしたクラスの固定性が最も発揮されるのは、彼が「クラス！」と呼ぶような男女仲の良いクラスであったと感じています。

**タケル**：うん。なんかねえ、全部通して思うのは、下手に中心の子の男女仲がいいと、めんどくさいかな。

――：なんで？

**タケル**：それになっちゃうと、「クラス！」って感じになっちゃう。

――：「クラス！」って何？

**タケル**：「うちのクラス！」ってなっちゃう。勝手にそいつら（中心の仲が良い男女）だけで「何組最高！」みたいな感じになっちゃう。

――：男女の仲がいいとそういうふうになっちゃうんだ？

**タケル**：うん。だから（その）クラスイコール自分らみたいな感じにしちゃう。もし、あの、たまにあるじゃん、合唱（祭）とかでもめたりすることって。あれだと逆にやりやすいかなあ。

――：何でやりやすいの？「クラス！」にならないから？

**タケル**：うん。「クラス！」にならない、一つにならないから、標的も分散するし、誰かがいじられたりとかあっても、男子の中で「あいつウザい」とか、男子の中で「ちょっとあいつ、あの女子どうなの？」とかみたいになっても、そういうのがそこで止まるから、同時に起こらないっていうか。

——：そうなんだあ。

**タケル**：クラスの中心の男の子と女の子が仲がいいと、すごくめんどくさい。だって10人くらいでいっつも集まっててさ、全部でほんとは40人くらいいるのに、10人くらいで「うちのクラス最高！」みたいなことを言ったりしてて、すごく居づらい。

タケルが「クラス！」と呼ぶのは、「下手に中心の子の男女仲がいい」クラスだそうです。そして彼が「中心の子」と呼ぶのは、「スクールカースト」の中で上位に位置づけられているグループに所属する生徒たちだと考えられます。

彼は、そうした「クラス！」に在籍していた経験を、「すごく居づらい」と感じていました。なぜならば「10人くらい」の「中心の」生徒たちが、「クラスイコール自分たち」となるように価値を作り上げることによって、そのクラス内で彼らの価値観が支配性を帯びてしまうからです。

そうした「クラス！」では、「いじられる標的」が分散しづらく、キャラが固定するため、「地位」の変化も起こりづらいとタケルは考えているようです。ですから彼は、そのように価値観がクラスメイトのあいだで一緒にならないような、「合唱（祭）とかでもめたりする」

クラスを望んでいました。

「スクールカースト」の中で上位に位置づけられているグループが形成する価値観が、クラスの「仲が良い」ことを契機として、クラス全体を統一して支配してしまうことを、彼がとても恐れていた様子がわかると思います。

このように「スクールカースト」は、上位に位置づけられているグループに所属する生徒の行動により設定されます。それ以外の生徒には、そうした権限が与えられておらず、そのことから、下位の生徒にとって、「クラス！」は非常に居づらい場だと感じるようになるのではないかと考えることができます。

## 友だちをばっさり切り捨てる

また、この「スクールカースト」上の「地位」が自分の力では変えられないような固定性を持つことから、下位に位置すると見なされないための、ある種の戦略と呼べるようなものも存在しているようです。

アオイは、中学校入学直後には、自分が「スクールカースト」の中で下位に位置づけられている生徒だと見なされないために、グループを形成する際には、ある注意が必要だったと語っています。

（中学校入学直後の話）

**アオイ**：うちの小学校は110人くらいで、もう一つの小学校は40人くらい入ってきて、ウチの学校の人たちはもうほとんどの人知ってるんだけど、向こうの人たちは知らないから、そういう権力的なもんがわかんなくて、だから1年のときはある子たち（のグループ）と仲良くしてたんだけど、その子たち（のグループ）がじつは権力ないってわかると、もうばっさり切り捨てて、権力あるほう（のグループ）と仲良くしたりとか。だからその新しく入った人たちっていうのは、どういう人たちかっていうのはわかんないから、仲良くなってみたけど、立場が弱い感じだから、「あ、なんかこの子たちいじられてるっぽいから、やめよ」みたいな。「この子と仲良くしてるとマズい」っていうのを感じて、友だちやめたりとかしてた。

——：そんな駆け引きが……。

**アオイ**：うん。1年のとき（はじめは）すっごい仲（が）良かったのに、もう3ヵ月後には仲良くない子とかは結構いたかも。

――：そういうの普通に起こるんだ？

**アオイ**：うん、普通に起こって（い）た。だから仲（が）良かったのに、半年後くらいには馬鹿にしてたりとか。

アオイの通っていた中学校には、アオイの小学校出身である「110人くらい」の生徒と、もう一つの小学校出身の「40人くらい」の生徒が、合流して進学してきます。ですから、中学校入学時には、アオイと同じ小学校出身の生徒は、もう一つの小学校出身の生徒の素性を知らないまま、同じクラスで過ごすようになります。

そのような中で、アオイは、新しい学級集団の中でグループを形成する際には、ある種の戦略が存在していたといいます。それは、グループを形成した後で、友だちになった生徒がじつは「権力」のない生徒だったとわかると、「この子と仲良くしてるとマズい」ということを感じ、「友だちをやめ」るという戦略です。

そうした戦略を用いることにより、入学したばかりのころは「仲（が）良かった」友だちだったとしても、その友だちを「半年後くらいには馬鹿にしてたり」することが「普通に起こっていた」のだといいます。

このように生徒たちは、学校生活を送る中で「スクールカースト」上の地位を重要視しており、その固定性を認識したうえで、友人関係を形成する戦略にも大きく取り入れていたことが見てとれるでしょう。

これらのことからも、彼らは学校生活を過ごすうえで、自分の「立ち位置」、つまり「スクールカースト」上の地位で自分がどのように見なされているかということに敏感に反応しながら、学校生活を送っていたことがわかってきます。

また、彼らが、それほどまでに「スクールカースト」上の「地位」を学校生活の中で重要視するのは、教師の影響も少なくないといいます。

次節からは、教師が「スクールカースト」に対してどのような態度をとっていたかについて語られたインタビューをもとに、教師のふるまい方についての考察を行なっていきます。

### (5) 生徒から見た教師の態度

**先生は「上」の子に仲良く話しかける**

これまで検証してきたように、「スクールカースト」は、もちろん、生徒らの認識の中で形成されていくものではありますが、彼らは教師もまた、「スクールカースト」の存在を把握しており、それを利用しているのではないかと感じていたという話が聞かれました。

そしてまた、彼らからは、教師は上位に位置づけられるグループに所属する生徒を高く評価しているのではないか、という話も聞かれています。

そのことを彼らは、それぞれの生徒が所属するグループの力関係の強さによって、教師のコミュニケーションのあり方に違いがあることから感じているのだと表現します。

**ハルキ**：でもパッと見てわかりますよね。見た目、雰囲気とかで。学校活動に積極的かどうかとか。体育祭だとか、あとは「イケてるグループ」は調子にのってるんで、女の子とかには（先生は）ちょっかい出しますよね。（先生が）そういうグループに話しかけてばっかりだなっていうのはわかるんです。

**モモカ**：まあでも（先生は）「ギャル」とは、仲良くしてるんじゃないですか？　先生は「ギャル」とか「だらしないイケメングループ」とかと仲良くしてるっていうのは、あるかもなあっていうのは思います。

**タケル**：直接言わなかったとしても、先生の頭の中には大体あると思うよ。

——：先生どっちのほうが好きそう？

**タケル**：先生も「上」だよね、扱いやすいから。向こうもフレンドリーだから、だって。

——：これは勉強できるとかは関係ない？

**タケル**：関係ない関係ない。

——：そっか。そういうのもろに出てる先生とかいた？

**タケル**：もろには出さないかなあ、そういえば。でも気が強い女子にだけ媚《こび》（を）売る先生とかはそういえばいた。うん、いたいた。男なんだけど、新人の先生で、そこの女子グループには嫌われないようにって「上」の女子の機嫌をすごいとってた。新任（の先生）で。中学だなあ。

**アオイ**：先生はね、「強いグループ」とはふざけてるんだけど、「弱いグループ」は無視みたいな先生いたなあ。

ハルキは、教師が「イケてるグループ」に所属する生徒へ話しかける機会が、ほかの生徒に比べて多いことから、教師は「イケてるグループ」に所属する生徒をひいきしているのではないかというふうに感じていました。

またモモカも、「ギャル」や「だらしないイケメングループ」に対しては、教師が仲良く話していることは見ることがよくあったと言いますが、そのほかの「地味グループ」と先生が仲良く話していることはあまり見たことがなかったといいます。

そうしたことをタケルは、「上」のグループのほうが「フレンドリー」で「扱いやすい」から、教師も「上」のグループに所属している生徒のほうが好きなのではないかと考えています。そのような光景は、決して「もろには出さない」が、タケルから見れば、「嫌われないように」「媚（を）売」っているように見えたそうです。

また、このような状況を、ナナミは、別の解釈で捉えているようです。

**「権力」のおすそわけ**

ナナミは、生徒を思いのままに動かすことのできる「権利」は、教師にはまったく与えられておらず、それゆえ、教師はその「権利」を、「権力」のある生徒と仲良くなることによって分けてもらうのだと考えています。

**ナナミ**：一番上（のグループの生徒）が（教師に）ガンガン文句言ってくるんで、その反応で弱い先生ってすぐわかるんですよ。嗅《か》ぎ分けるのが「上」（のグループに所属する生徒）はうまいんで。先生は一番上のグループと仲良くなんないと、そのクラスでの権力がなくなっちゃって。

――：いやでも、先生っていうだけで生徒よりは権力あったりしないの？

**ナナミ**：いや、それはたいしたことない権力ですね、名目上というか。はっきり言って、たかが先生に何もウチら（生徒が）コントロールされることはないですからね。面倒だから、コントロールされたふりをしてあげることはありますけど。（教師は）生徒からいじめられちゃうこともザラにあるでしょ？　だから、「上」の生徒と仲良くなって権利の一部を分けていただく。そういうことで多少先生にも教室での権限が与えられることはありますかね。

――：じゃあ、わかってるってどんなシーンで気づいてた？

ナナミ：まず、一番上のグループにしか話しかけないし、異様にベタベタしてくる。「もう、お前は本当にダメなやつだなあ」とかなんとか言ってきて、「地味なグループ」は存在が無視。本当に。

――：えー、「地味グループ」には話しかけてきたりしないの？

ナナミ：しないですねー。（中略）ダメな先生ほど、もう「スカウター（鳥山明『ドラゴンボール』〔集英社〕に登場する、相手の戦闘力を測るために目に装着する器具）」（を）つけて教室（の中の生徒を）見てるのがすごいよくわかる。あ、そうだ、まずスカート短いのとか注意しないんですよ。見過ごしますよ、そういう教師は。なんかランクの高い子には「は？ 意味わかんねえよ。殺すぞお前」とか聞こえるように言われちゃうんで、スカート折りすら（見つけても注意）しない（ジェスチャーで見せる）。そういう先生に対しては、ランクの高さがパスになるんで、「普通（のグループに所属する）女子」にばっかり注意してきやがって、ウチとかすごい注意されたんですよ、だから。

ナナミは、ほかのインタビュー対象者に比べても、特に生徒の「地位」によって、教師の態度が違うと感じています。「スクールカースト」の上位に位置づけられるグループに所属する生徒は、強い先生と弱い先生を「嗅ぎ分ける」ことがうまく、生徒に「弱い」教師と「嗅ぎ分け」られた場合には、学級集団を指揮する「権力」がなくなってしまうからです。

ナナミによれば、「弱い先生」には、学級内で「名目上」の権利が与えられることはあっても、「たかが先生に」生徒が「コントロールされることはない」といいます。「弱い」教師は、「生徒からいじめられてしまうこともザラにある」ため、そうしたことが起きないように、教師は上位に位置づけられる生徒と「仲良く」なることによって、「権利の一部を分けていただく」のだそうです。そうすることで、たとえ「弱い」教師であったとしても、「教室での権限」が与えられることがあるとナナミは考えています。

教師は『スカウター』(を)つけて教室」内の生徒を観察し、その「戦闘力」が高い生徒のみに気に入られるために、「地味グループ」の生徒に話しかけることはありません。ゆえに、「普通(のグループに所属する)女子」であったナナミは、もっと「スカート(が)短い」『ギャル』がいっぱいいい」るにもかかわらず、自分たちばかりが注意される羽目《はめ》になっ

図4-9　教師との親密性が高い生徒

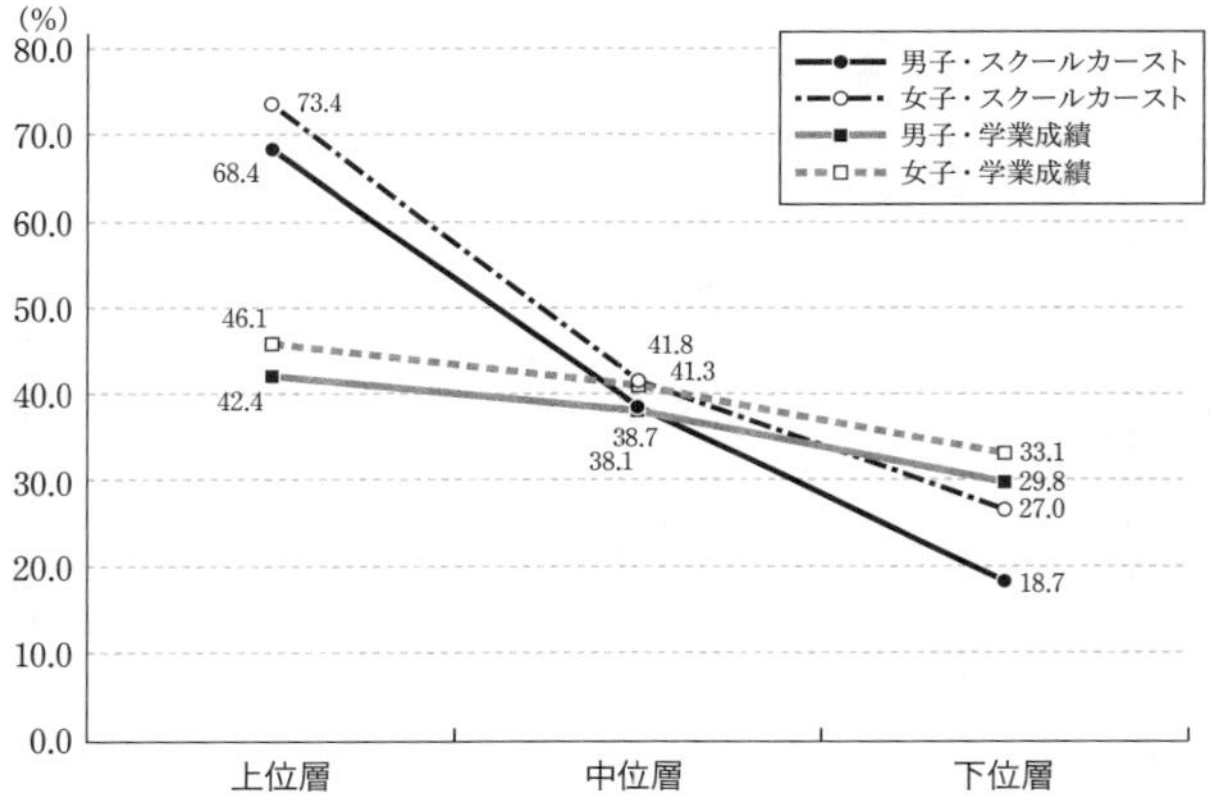


出典：神奈川県の中学生の生活・意識・行動に関するアンケート

たと感じているのです。

つまり、生徒が同じ行動をとったとしても、その生徒間の序列の中でどのポジションに位置するかによって、注意されるか注意されないかということに差異が生じます。そうした様子から、ナナミは「弱い先生」は、『スカウター』（を）つけて」教室の中を見渡して行動していると判断しているようです。

図４－９は、「スクールカースト」の地位と教師との親密性を表したものです（「学校に親しく話すことができる教師がいる」〔４件法〕、「教師から話しかけられることが多い」〔４件法〕を合成　α＝０・６５０）。

当然、教師から高く評価されるだろう、学業成績の高い生徒と、「スクールカースト」

の地位の高い生徒を比較しやすいよう折れ線グラフにして表してあります。このグラフから、学業成績が高い生徒よりも、「スクールカースト」が高い生徒のほうが、教師との親密性が高いことがわかると思います。

＊　　＊

ここまで、この章では、生徒が「スクールカースト」をどのように受け入れているのかに焦点を当てて分析を行なってきました。

すするとその過程で、「スクールカースト」の存在は、教師にも把握されていると感じている生徒が少なくないことがわかってきました。そのことを生徒たちは、教師の生徒に対する接し方に大きな差異が見られることから把握しています。

これらのことから、「スクールカースト」というシステムは、「権力」と「固定性」、また、教師からの権力関係の「承認」といった認識が相まって、機能するのだとも考えられます。

しかし、よくよく考えてみると、教師が生徒間の権力関係を「承認」するメリットは、じつのところ、かなり少ないようにも感じられます。そもそも教師は、生徒に対して明文化された評価を下すことのできる唯一の存在であり、生徒間に形成されている「権力」に従わなくとも、公の「権力」をすでに保持していると考えられるからです。

この章では、生徒から見る教師の視線を検討したため、教師による主体的な視線から、この構造を捉えることはできませんでした。

そこで次章では、現役の教師をインタビュー対象者として、教師がどのようにして、「スクールカースト」を認識しているのかを検討していきたいと思います。

**第４章のポイント**

【ポイント１】

○「スクールカースト」で上位のグループに位置づけられている生徒には特徴がある。

・「にぎやか」「気が強い」「異性の評価が高い」「若者文化へのコミットメントが高い」など。

○「スクールカースト」で下位のグループに位置づけられている生徒には特徴がない。

・しいていえば「地味」「目立たない」。

――→「受け皿」という認識も。

【ポイント2】

○上位のグループは「結束力」があり、クラスに「影響力」があるため、下位のグループは彼らに「恐怖心」を抱く。

・「人気」もあり、「友だちも多いふう」だが、必ずしも好かれているわけではない。

・自分への評価が低くなってしまうため、受け入れざるをえない。

――→権力としての「スクールカースト」。

【ポイント3】

○地位は固定的で努力では変えられない。

・クラス替えがあったとしても、学年全体で「地位」に関する情報を共有しているため、次のクラスでも同じような「地位」になる。

○キャラクターはいきなり変えられない。

・いきなりキャラクターを変えたとしても、そのキャラクターがみんなから受け入れられる可能性は著しく低い。

――→あきらめざるをえない。

○自分の「地位」を上げるためには戦略がある。

・友だちに権力がないとわかれば、ばっさり切り捨てる。

――→自分が友だちよりも地位の高い生徒だということをアピールする。

【ポイント４】

○教師も「スクールカースト」に従って行動している。

・上位の生徒と下位の生徒が同じことをしたとしても、反応が違う（スカートの長さを注意するときなど）。

――→教師にも「スクールカースト」は見えているのでは？

# 第5章

# 教師にとっての「スクールカースト」

第4章で見たように、生徒は、「スクールカースト」を教師も同じように把握していると感じており、教師は上位に位置づけられる生徒に「媚《こび》（を）売」ったり、取り入ったりしているのではないかと感じていることも少なくない、ということが見えてきました。

そうであるならば、教師の生徒との相互関係のあり方というのは、「スクールカースト」を意識しやすくし、「スクールカースト」を強化する要因としても機能していることが十分に考えられると思います。

そこで、この章では、現役の教師を対象にしたインタビューデータを用いて、教師自身が「スクールカースト」をどのように把握しており、どのように意味づけているのかということを明らかにしていきたいと思います。

とりわけこの章で行なうのは、生徒間に存在する「スクールカースト」が、学級経営のあり方にどのような影響を与えているか、ということの検証です。

## （1）教師に「スクールカースト」はどう見えているのか？

### 小学校教師によるカーストの把握

まず議論に先立って、教師が「スクールカースト」をどのように捉えているかを確認してみたいと思います。生徒が捉えている「スクールカースト」と、教師が捉えている「スクールカースト」に違いがある場合には、議論が噛み合わなくなる可能性も考えられるからです。

第３章と第４章では、小学校時と中学・高校時では、生徒の「スクールカースト」の見え方と「スクールカースト」を意識する強さに違いが見られることが明らかにされましたが、このことは小学校教師の視線からも、発達段階によって「スクールカースト」の構造の認識に違いが見られることが言及されています。

**小林先生**：高学年の女子は（「スクールカースト」が）特にある。かわいい女子は強い。

まあ中学校（に）行ったらハネるだろうなあっていうような予備軍っていうようなのが、すんごい強いね。だから、やっぱそういうグループには自然とかわいい子が多いよね。

――：かわいくておとなしい子は？

**小林先生**：うん、いるけどまだ、それは強くない。ちょうど（小学校）4年から5年になるところで、なんか立場の力関係（が）変わってきて、4年のときは、まあ発言力があって顔もまあまあなんだけど、そういう子がシメてたらしくて、そのクラスを。そこに今までおとなしかったんだけど、ある程度まわりからかわいいって言われてた子が入って、んでその子おとなしかったんだけど、強いグループに入ったから、急に発言力が増して、んでそれが女子の一番強いグループになった。

――：じゃあ、グループごとに力の強さが決まってる感じ？　仲良しグループというか……。

**小林先生**：5年生はそうだったねえ。2年生はそんなじゃないんだけど。

小学校の教員である小林先生は、小学校5年生と小学校1、2年生の学級担任を受け持った経験を持ちます。その経験から、２年生と5年生とでは「スクールカースト」の構造に違いがあると感じているようです。

まず小林先生は、４年生から5年生へと学年が上がる際に、「ある程度まわりからかわいいって言われてた」生徒が、「強いグループ」に所属するようになり、その子が「急に発言力が増した」ことから、所属するグループごとに力の強さが決まっているのではないかと感じています。

しかし、現在担任を持つ、２年生のクラスでは、グループごとに力の強さが決まっているわけではなく、個々の生徒にそれほど力関係のようなものは見られないそうです。

このことは、教師の目から見ても、第３、４章で検証した生徒の認識と同じように、低学年の生徒には、まだ「スクールカースト」による「地位の差」が顕在化してきていないと捉えることもできると思います。

## 中学・高校教師によるカーストの把握

では、中学校、高校ではどうでしょうか。

吉田先生や加藤先生は、みんなが嫌がることをやりたがらない生徒や、発言力の高い生徒が立場が強く、そうした生徒に何も言わずに従ってしまう生徒がいる様子から、クラス内に「スクールカースト」があることを把握しています。

**加藤先生**：たとえば掃除で、中学校だと、場所しか決まってなくて、なんの道具使うかはまだ（決まって）ないので、ホウキ率が異常に高いっす、班の中で。机運びとか、雑巾《ぞうきん》とかはみんなやりたがらないです。子ども界では、ホウキを取れるっていうのは、勢力の高さを示せる一つの……、うーん……、何かなんだろうなとは思いますね。見てて思います。早いもん勝ちなはずなんですけど、いつもホウキ取るやつは、勢力強いやつですね。物に対する優劣あると思うんですよね。それ見てると、勢力わかるって気はします。雑巾（は）最下層だと思います。雑巾はやっぱ絞んなきゃいけねえし、臭いし。そういうの如実に表れますね。あとは、それか机（を）運ぶのに専念するとか（笑）。そういう子は、あー、うまくいってないんだろうなっていうのは思ったりします。こいつ、この中で、うん、まあ弱いんだろうなっていう（笑）。

――：（高校のクラス内での強さや弱さは）どういう場面でわかったりするの？

**吉田先生**：うーん、一番感じるのは話し合いの場。

――：どういうときの？

**吉田先生**：クラス全体での。結局我《が》が強い人間、口調が強い人間、そいつらが何か言うと、おとなしい人間、これが何にも言えなくなる。

――：それは何の話し合い？

**吉田先生**：体育祭でも委員会決めでも何でも、全体の話し合い。で、気に食わないことがあると我が強いやつが、「なんだよおめえ」とかそういうこと言うから結局は何にも言えなくなる。

――：弱いやつが言うことはないの？

**吉田先生**：弱いやつはボソッと言っても、つぶされるので、一度つぶされると言わなくなる。

――：どういう感じで？

**吉田先生**：うーん、たとえば、体育祭とか、まあ文化祭関係とかもそうかな。「こういうのやりたい」とか言うと、「こんなんつまんねえよ」とか言って、そういうやつがいるから、そこで「じゃあいいです」みたいな（笑）。

――：(前に)出てはこないんだ？

**吉田先生**：うん。そういうのが多いかな。そういうのが一番顕著。あとは、まあクラス内で生活してる中でも、静かなやつが立って話してると、そいつらが歩いてきて「おい、おめえどけよ」とか、そういうことを言ったりだとか。

中学校1年生の担任をしている加藤先生が、特に「スクールカースト」を意識するのは、掃除の時間だといいます。

掃除は各班ごとに行なわれ、週替わりで、それぞれの班が担当する掃除の場所だけが指定されます。場所だけが指定されるため、個々の生徒が何の道具を使って掃除をするかということは、ルールで決められているわけではありません。

ですから、加藤先生の言うとおり、「早いもん勝ち」で使う道具は決められていくはずなのですが、それぞれの生徒が何の道具を使っているかは、ある程度固定された様子が見られるのだといいます。

加藤先生によれば、特に、ホウキは生徒のあいだでも人気が高く、ホウキを使って掃除ができるということは、「勢力の高さを示せる一つの(中略)何かなんだ」そうです。

逆に、雑巾は「絞んなきゃいけ」ないし、「臭い」ことから、あまり人気がなく、「最下層」の生徒が担当していることが多くあります。もしくは、ホウキを取れないような生徒は、「机（を）運ぶのに専念する」といったようなこともよく見られるようです。

このように加藤先生は、みんなが嫌がる、やりたくない仕事を毎回引き受けているような生徒を、「まあ弱いんだろうな」というように考えていることがわかります。

また高校の教員である吉田先生は、体育祭や委員会決めなどの、クラスでの話し合いの場で「スクールカースト」を強く感じるといいます。

それは、「我が強」く、「口調が強」い生徒が、何か「気に食わない」ことがあると、「おとなしい」生徒が最終的に「つぶされ」て、「何にも言えなくなる」様子があることから、「スクールカースト」がクラスの中に存在しているのではないかと考えています。

またクラスの中でも、「強い」生徒が「おとなしい」生徒に向かって、「おい、おめえどけよ」と言ったりする様子が見られ、そうした様子を見て、「スクールカースト」を把握しているという話も聞かれました。

つまり、教師もまた生徒と同じように、学校生活のさまざまな場面から、生徒のあいだに「地位の差」があることを把握しているということがわかると思います。

では教師は、「スクールカースト」を把握する際に、「(勢力や立場が)強い」生徒や「弱い」生徒と呼ぶような力関係を、それぞれの生徒のどのような特徴から見出しているのでしょうか。次からは、その検証を行なっていきたいと思います。

**自己主張できて目立つ生徒は「上」**

ここで教師から挙げられた「強い」生徒や「弱い」生徒の特徴は、第3、4章で見てきた特徴と、さほど遠くないことがわかります。

まず、「強い」生徒についての教師の認識を見ていきましょう。

教師が、「強い」生徒の特徴として挙げるのは、自己主張の強い生徒(加藤先生)や、我が強い生徒(小林先生)、また、おしゃれに気を遣っている生徒(吉田先生)などです。

**加藤先生**：自己主張っていうか「自分はこういう人間だ」ってきちんと言えて、みんなに受け入れられる生徒は、勢力の頂点に立てるような気がしますね、今、思い返してみると。でも、自己主張でも、たぶん「何言ってんの？ こいつKY(「空気読めない」の略)じゃないの？」って思われるような生徒は、もはやその時点で勢力構造の頂点には立ってないですね。一番上ではないですね。不可能ですね。頂点の生徒はみんなにそう言わせない何かを持っている気がします。もうKYなこと言っても、「この人が言ってんだったら正しいんだろうな」ってのをみんな思っちゃうもん。

**小林先生**：まあ一概には言えないけど、頭の中に浮かんでる（立場の強い）子は、やっぱ家と学校での裏表が少ないって気がする。だから、おうちでもけっこう強く言えるし、友だちにも強く言える。偽《いつわ》ってないんだよ。正直で、自分を出せる子なんだ。なんかこう、自分があるんだよ。

**吉田先生**：強いほうは、えーとねえ、こんな言い方もなんなんだけどギャル系。まあギャルかどうかにかかわらず、まあ、おしゃれに目覚めてる感じの。

――：男は？

**吉田先生**：いや、だから、男のほうで言うとギャル男的な、そんな感じ。髪の毛長くしたりとか、ピアス開けたりとか、外面《そとづら》に出てくる。そういうの強いよ。

加藤先生は、『自分はこういう人間だ』ってきちんと言えて、みんなに受け入れられる生徒」は、「勢力」が強いと感じています。それがたとえどんな自己主張であったとしても、みんなに何かを言わせない、「何かを持っている」生徒が「勢力」が強いのだそうです。KY（空気読めない）と思わせない生徒、つまり、実際に空気を読んでいるか、読んでいないかは別として、その生徒の行動をクラスメイトにKYだと思わせない生徒が、「勢力」が強いというように感じている様子が、インタビューからわかると思います。

また小林先生によると、家庭訪問に行ったときに見る生徒の家庭での態度と、学級で友だちに接する際の態度とのギャップの大きさが、子どもの「地位」によって大きく異なるそうです。小林先生は、そのギャップが大きければ大きいほど、学級での立場は弱くなるのではないかと考えています。

クラスの中で強い立場で生活する生徒は、家庭での親に対する態度と学校で友人と接するときの態度に変化がなく、「自分を出せる」生徒なのだといいます。そうした様子から、小林先生は、「裏表が少な」く「自分を出せる」生徒、つまりクラスでも家庭でも、自分の言いたいことを臆《おく》することなく言うことのできる生徒が、学級集団の中で強い立場にいる生徒なのではないかと考えていることがわかりました。

吉田先生は、上位にいる生徒は、見た目でわかると語っています。そしてそれは、女子であれば「ギャル系」であり、男子であれば「ギャル男的」な外面を持つ生徒であるとしています。そうした生徒は、「外面」に気を遣っている様子が見られ、「おしゃれ」で、男子でも「髪の毛を長くし」ていたり、「ピアス」をしていたりするため、わかりやすいのだそうです。

このように、教師はさまざまな観点から上位の生徒を認識しているようですが、児童生徒側の認識と比べて、それほど差異が見られるわけではないことがわかるでしょう。

では一方で、教師から下位だと認識されている児童生徒の特徴はどうでしょうか。

**「やる気がない」「長いものに巻かれているだけ」の生徒は「下」**

じつは、教師から聞かれる「下位」の生徒の特徴もまた、第3章、第4章から得られた児童生徒の認識と大きな違いはありません。この点について、生徒側と教師側の認識には、そう大きな差異は見られません。

生徒側の認識と同様に、挙げられる特徴は非常に少なく、「印象が薄い」（吉田先生）というものや、「投げやり」（松本先生）、「自己主張しない」（加藤先生）といったものが挙げられる程度です。

**吉田先生**：うーん、弱いほうはオタク系。ゲーマーとか。あとは物静か。（中略）要は、名前覚えられないから、廊下とかで会っても、自分が授業持ってる（生徒）かどうかもわかんないとき（が）あるんだよね。「こいつ誰だっけ？」ってなる（笑）。（中略）高校の場合は、クラスを見るっていうよりも、学年とか、自分が授業を受け持ってるクラスを見るって感じだから、1年間本当に誰だかわかんない子っていうのもいるんだよね。本当に影薄くてさ、覚えなきゃとは思ってんだけど、そんとき（授業のとき）はちゃんと覚えるんだよ。でもさ、「あれは○○」ってずっと考えて授業してるから覚えるんだけど、次に廊下で会ったときには、「あれ？　こいつ誰だっけなあ」って。

**松本先生**：協調性っていうのを飛び越えて投げやりになっている生徒っていうのは、まあ勢力弱い感じするかな。「なんかもういいよお」みたいな感じね。「自分なんて」っていう感じで。

**加藤先生**：僕の感覚だと、（弱い生徒は）ただ逆で何も言わない。自己主張しない。話は聞くんだけど、それは共感するとか、そんなたいそうなものではなく、流れに乗るというか、長いものに巻かれているだけの子たちです。そんな感じですね。「僕もそう思うよ」ではなくて、「じゃあまあそれでいいです」っていう「じゃあ」って感じです。「まあ彼もそう言うし、それでいいです。はいはい」みたいな。まあ、学校の先生から言わせれば、こういう態度っていうのは、いいことではないんですけどね。

**小林先生**：（下位の生徒の特徴は）とりあえず家で強い、お母さんに対して強くて、でも友だちの前に来ると、言えないんだよね。だからその分お母さんに当たるっていうのがいる。

――八つ当たりってこと？

**小林先生**：うーん、まあ当たってんのかなあ。

吉田先生は、下位の生徒は「オタク系」や「ゲーマー」であり、「物静か」な生徒が多いといいます。そうした生徒は、特徴があまりなく、「影が薄」いため、なかなか顔と名前が一致しません。授業をしているときは、「あれは○○」というようにずっと考えながら授業をし、そのときには名前を覚えていたとしても、次に廊下で会ったときには、「あれ？　こいつ誰だっけなあ」というようにその生徒を忘れてしまうこともしばしばあります。

このことから、吉田先生は、印象の薄い生徒を下位の生徒の特徴だと捉えていることがわかります。

また松本先生は、ほかのクラスメイトに過度に同調し、自己主張をすることのない生徒を下位の生徒の特徴だというように感じています。松本先生にとっては、そうした生徒は、「協調性」を「飛び越えて投げやり」に見えることもあるといいます。

同様に加藤先生も、下位の生徒は、「長いものに巻かれているだけ」の生徒だと認識しています。そうした生徒は「自己主張」することは少なく、みんなの「流れに乗る」だけなのだそうです。

そして加藤先生によれば、「流れに乗る」ことは「共感するというたいそうなものではない」のだそうです。そのような姿勢を加藤先生は、教師からすれば「いいことではない」と考えているようです。

小林先生は先に述べたように、家庭訪問での経験から、上位の生徒と下位の生徒の特徴を見出しています。小林先生は、家庭での親への態度と学校での友だちへの態度のギャップの大きさから、上位の生徒と下位の生徒の違いを感じています。下位の生徒は、学校で友だちに接しているときには「おとなしい」性格であるにもかかわらず、親に接するときには、態度が大きいと感じることがよくあるといいます。

これらのことから読み取れるのは、児童生徒側の認識と、教師の認識には、それほど大きな差は見られないということです。小学校の教員である小林先生は、小学校の中でも発達段階によって、「スクールカースト」の構造に変化があることに言及していますが、それは児童生徒側のインタビューからも聞かれています。

また、やりたくないことを人に押し付ける生徒と押し付けられる生徒であったり、自己主張が激しく、おとなしい生徒に対して厳しい態度をとるような生徒がいたりすることによって、「スクールカースト」の「地位の差」を把握しているという話も聞かれましたが、これらのエピソードは児童生徒からも聞かれます。

これらのことから、やはり教師の視線から見る「スクールカースト」と、生徒の目から見るそれは、それほど大きな違いが見られないと言うことができるだろうと思います。

しかし、たとえクラスの中の出来事が、同じように見えているとしても、教師と生徒がその状況に対して同じ見解を持っているわけではないでしょう。

生徒の場合は、学校生活を円滑に過ごすために「スクールカースト」を重視し、それとどのように付き合ってきたかということが語られていました。

一方で、教師は評価する者としての一面を持つ以上、生徒たちの持つ「スクールカースト」への見解とは異なった視点から、「スクールカースト」を捉えている可能性が十分に考えられます。

さらに言えば、教師が「スクールカースト」をどのように捉えているかということ自体が、生徒の学校生活にも大きな影響を与えていることもありうるということです。

では、教師はこの「スクールカースト」に対して、どのような見解を持っているのでしょうか。次からは、「スクールカースト」上の地位に関する教師の認識に焦点を当てて検討していきましょう。

## (2) 教師の、上位、下位の生徒に対する見解

ここでは、教師がそれぞれの「地位」に位置する生徒に対して、どのような認識を持っているかを明らかにしていきます。ここで教師の認識に焦点を当てるのは、先ほど述べたように、教師が児童や生徒に対して、どのような見解を持ったうえで接しているかということが、児童生徒の学校生活やその適応のあり方に、少なからず影響を与えていることが考えられるからです。

まず、上位に位置づけられる生徒と、下位だと見なされる生徒への認識が、どのようなものであるかを明らかにし、その違いをはっきりさせていきたいと思います。

また、この後の議論を先取りすれば、教師は進路指導などの経験から、生徒がどの「地位」に位置するかによって、将来への展望が大きく異なると感じています。ですから、生徒の将来を考慮したうえで、教師が「スクールカースト」をいったいどのようなものだと考えているかも明らかにしていきたいと思います。

### カリスマ性があって、雰囲気を和やかにできる――上位のイメージ

まず、「スクールカースト」の上位に位置づけられる生徒に対して、教師はどのような見解を持っているのでしょうか。

インタビューの結果を見ると、教師から聞かれる「スクールカースト」の上位に位置づけられる生徒に対する見解は、どうやら特に悪いものではないようです。

**小林先生**：小学校段階ではねえ、低学年はそんな顕著ではないんだけど、高学年だと大きく男子と女子で分かれてて、男子の発言力あるっていうか、立場の強い子は、もうとにかく楽しくいたい。男子は楽しく過ごしたいから、先生にも「これやろうよやろうよ」ってすごい言ってくる。だから「こっち来いよ！　ドッジボールやろうぜ！」って先生からも言ったりする。楽しくやりたそうだから、生徒がね。（中略）人気もあるし、まわりからもあのグループに入りたいっていう憧れの存在だろ、子どもたちからしたら、まさにカリスマだね。先生から見たら、そのグループ（の生徒は）うるせえけどね（笑）。

小林先生は、特に男子の「スクールカースト」の上位に位置づけられる児童（生徒）は、「楽しくやりたそう」であり、子どもたちから見れば「人気もある」「憧れの存在」だと考えています。また、それを「カリスマ」という言葉で表しており、教師から見ると、「そのグループ（の生徒は）うる」さいながらも、特に悪い印象は持っていないことがわかります。

それは、先生が自ら、そのグループの児童（生徒）をドッジボールに誘ったりしている様子からも見てとれます。また、この様子を小林先生は、「やっぱり子どもらしくていい」とも語っており、「スクールカースト」の上位に位置づけられている生徒に対する印象は、かなり良いものだということがうかがえるでしょう。

また、加藤先生は、「スクールカースト」の「地位」のどこに位置する生徒であるかによって、言い訳の仕方に違いが見られると言っています。

**加藤先生**：あとは、多いのは学習面。だから提出物系で持ってこないとき、勢力強い子と弱い子が提出物持ってこないときの対処の仕方って全然違いますね。

――：何が違うの？

**加藤先生**：勢力弱い子は、言い訳しないですね。「あー、あー、すいません。いや、はい、次絶対持ってきます」って言うんだけど、持ってこないからこっちもイライラして、チビチビビチビビ文句言う的な指導になります。強い子の場合は、「おい！　持ってこいって言ったでしょ！」って言ったら、「いや、違うんすよ。家の前まで（持ってきてたけど)、玄関に置いてきちゃったんですよ!」とか言うんですよ。「いやいやいや、お前それで玄関に置いたプリントどうしたんだ?」って聞くと「いや、玄関に置いて忘れてきちゃったんです。だから、決して宿題やらなかったわけじゃないんです」とか言ってくるんですよ。それで教室中が爆笑とかになって、こっちも怒る感じじゃなくなって、「あー、わかったわかった。次から持ってこーい! もう行け!」みたいになっちゃうんですよね(笑)。

加藤先生は保健体育の教師ですが、実技の授業だけではなく、保健の授業も担当しています。その際、提出しなければならない提出物を忘れたときの教師への対応の仕方、すなわち言い訳の仕方が、「スクールカースト」のどこに位置する生徒かによって、はっきりと違いが見られると感じています。

加藤先生はどんな生徒に対しても、決して「ひいきはしない」という信条を持っており、「生徒への対応に違いが出ないように心がけている」ということをインタビューで語っていました。話を聞いていると、生徒からの人気もあり、信頼も厚い先生なのだということがよくわかります。

そんな信条を持つ加藤先生でも、「スクールカースト」の上位に位置づけられる生徒は、教師への対応がうまいため、ついつい、いろいろなことを許してしまいがちだと言っています。

それはたとえば、インタビューからわかるように、同じく宿題のプリントを忘れてきてしまっても、「スクールカースト」の下位に位置づけられる生徒は、言い訳をせず、全面的に自分の非をすんなり認めます。対して、上位に位置づけられる生徒は、とてもうまく言い訳をする傾向があり、その言い訳のうまさゆえに、クラスの雰囲気も穏やかになり、教師もその雰囲気の中で、生徒に対して「怒る感じ」ではなくなってしまうことがあるのだそうです。

そうしたことを加藤先生も、悪いことだとは考えておらず、楽しそうにその様子を語っていることから、「スクールカースト」の上位に位置づけられる生徒に対して、肯定的な態度を見せている様子がうかがえます。

それでは教師は、「スクールカースト」の下位に位置づけられる生徒に対しては、どのような見解を持っているのでしょうか。

**積極性がない、向上心がない、楽してる——下位のイメージ**

「スクールカースト」の上位に位置づけられる生徒に対しては、教師は、比較的好意的に受け止めていることがわかりました。けれども、逆に下位に位置づけられている生徒に対しては、否定的な見解を持つ教師もいるようです。

教師は、彼らがクラスで表立って意思表示をしないことや、積極的な行動があまり見られないことから、それほど良い印象を持ってはいません。

**松本先生**：（勢力が弱い生徒は）見て（い）て気持ちいいもんじゃない。楽しいか楽しくないかもわかんない、そういう子がオレは立場的に弱いのかなとは思うけどね。（中略）プラマイゼロを最高として生きてるように見える。関心持たれないように生きれたなら、やつらにとっては成功で、そうできたら学校は逆に住み心地がいいんじゃねえかな。ああいうやつらは。（中略）何でもいいやって子は、うん、それなりの言われたとおりの生き方で生きていけばいいよな。熱意がねえから。

**吉田先生**：弱い系だけに絞っちゃうと、メリットは、うーん……、感じないかなあ。まあしいて言えばね、自己決定しなくて済む。決断力がない人間は、ついていけば済むから、楽かな。言われるがままにやってればいいから。だから何も考えなくていい、のほほんとしていればいい。まあでもしいて挙げただけだよ。オレとしてはメリット感じないけど、やつらにとってはもしかしたらメリットなのかなあって。

**小林先生**：だからこっちが作文の代表選ぶって言って、真っ先に浮かぶのが強いグループの子たちだからね、だから弱いほうにはとても任せられない。候補にすら挙がんない。そこにしたら、大変なことになっちゃいそうだから。

松本先生は、そうした「スクールカースト」の下位に位置づけられるような生徒は、「見て（い）て気持ちいいもんじゃない」と言います。松本先生には、下位に位置づけられる生徒は、自己主張をせず、何でも「言われたとおり」に行動しているように見えることから、「プラマイゼロを最高として生きている」ように見えているそうです。

また、そうした様子から、下位に位置づけられている生徒には「熱意」が見られず、そのような生き方を「つまらない生き方」であると考えているようです。

吉田先生も同様に、下位に位置づけられている生徒は、「自己決定」をすることがない、「決断力がない人間」であると考えています。吉田先生から見れば、下位の生徒は、ただみんなの流れにのるばかりで、「何も考えておらず」、「楽」をしているように見えるのだといいます。

これらのことから、「スクールカースト」の下位に位置づけられるグループに所属している生徒に対して、吉田先生もまた同様に、あまり好意的な印象は持っていないことがわかります。

小林先生は、クラスの中で作文の代表を選ぶときを例に挙げ、「スクールカースト」の下位に位置づけられるグループに所属する生徒には、「たとえ作文が上手だったとし」ても、クラスの代表は「とても任せられない」ということを言っています。

その理由として挙げているのは、「大変なことになっちゃいそうだから」です。小林先生は、「スクールカースト」の下位に位置づけられる生徒は「向上心のない生徒」だと考えており、そうした生徒を「大舞台に抜擢《ばってき》」することには、教師として「勇気（が）いる」ため、「大舞台に抜擢」する生徒を「強いグループ」の生徒にすることが多いとも語っていました。

このように教師は、肯定的な見解を持っていた上位の生徒とは打って変わって、下位に位置づけられている生徒には、否定的な見解を持っていることがわかるでしょう。

また教師が、下位に位置づけられている生徒に比較的否定的な見解を持つのは、生徒の将来を考えてのことでもあるといいます。次では、進路指導などの経験から、下位に位置づけられる生徒の将来に、不安を感じている様子が語られています。

## 下位は将来が不安になる

教師が、「スクールカースト」の下位に位置づけられる生徒に否定的な見解を持っているのは、その生徒の将来を危惧《きぐ》しているからだという声も聞かれました。

この節では、教師たちが、「スクールカースト」の下位に位置づけられる生徒の将来を、どのような理由から危惧しているのかを明らかにしていきたいと思います。

まず、高校の教員である吉田先生と松本先生は、進路指導の経験から、そうした「スクールカースト」の中で下位に位置づけられる生徒の将来を危惧しています。

それは、彼ら教師が、上位に位置づけられている生徒を、人間関係を円滑に進めるための何かしらの能力に秀《ひい》でた生徒だと捉えているからでもあります。また、そうした能力は、「コミュニケーション能力」といった言葉で表されることもあるようです。

逆に、「スクールカースト」で下位に位置すると見なされる生徒には、「コミュニケーション能力」が備わっていないと考えられているため、教師は、下位に位置づく生徒の将来に不安を募らせているとも考えることができるかもしれません。

**吉田先生**：（下位のグループにいる生徒は）100％将来使えない。

――：わからないんじゃない？　将来までは。

**吉田先生**：いや、でも使えないよ。企業はそういう人間を求めない。

――：開発とか技術職とかは？

**吉田先生**：いやあ、求めないだろ、全然。今年就職試験とかやってるんだけど、結局落ちてきてるのはそういう弱いほうだよ。部活もやってないオタクで、気も弱い感じのほうだよ。将来的には、うーん……、そういうやつって心配だよ、だって、すごい「こいつ大丈夫かな」って思う。

――：逆に強い側はそんなに心配はないの？

**吉田先生**：そういう将来的なこと考えると、そんなに心配はないかな。生きていけるだろうって思える。で、あとは、中にはね、（強い側には）こいつ仕事辞めるだろうなってやつもいるけど、基本的にその強い系のやつらは、うまいから、生き方が。だから、いざというときはゴマすりとかできるから、だからたぶん生きていけるだろうって思う。

――：進路に（ポジションの違いは）反映されてるの？

**松本先生**：勢力弱い子は、ひたすらに就職先をパソコンで探してるかも。んで、勢力強い子はあんまり学校でそういうの熱心にやらない。けども、友だちのツテで就職はやすやすと見つけていくかも。自己主張するから、自分のアピール得意なやつ多いから、人とコミュニケーションするのが上手なんじゃねえかなあ。友だちも多いし、バイトとかでもそうだし、なんか人ヅテでうまくいっちゃうんだ、やつらは。（中略）

――：教室の中で勢力が強い子っていうのは、ほかのところでも人脈あるってことかな？

**松本先生**：まあ高校だとそうだね。クラスも、バイトの友だち関係も、中学のやつともさ、クラスで支持されてるだけあって、きっとほかのところでも上手なんだろうなっていうのは感じるときがあるよ。なんかね、あいつらコミュニケーションのやり方がうまい。自分が常に優位に立てるようなやり方を知ってるんだ。なんだろう、あれは。それができるから外でも、自分が優位に立てるようにふるまえるんだろうなあ。すげえよ、あいつらは。だから、勢力強いやつに関しては、教師がどうこうしなくても、何とか、きっと何とか生きていけるんだろうなあっていう感じは、ものっすごいするね。

――：じゃあ、勢力弱い子のほうが手かかるんだ？

**松本先生**：オレはそう思うな。こっちが手を差し伸べてあげないと何にもできねえから。先生かお母さんが、なんか言わないと何もやりゃしねえ。覇気《はき》もない。だからあいつらには何かしてやらないと仕事見つけられないと思うよ。

たとえば吉田先生は、「スクールカースト」の下位に位置づけられる生徒は「100%将来使えない」と考えています。なぜならば、吉田先生は、勤務校の中で今年の就職の結果が芳《かんば》しくないのは、「スクールカースト」の下位に位置づけられるような「気の弱いオタク」の生徒であり、企業はそのような人材を求めていないと考えているからです。

一方、たとえ就職の採用結果が芳しくなかったとしても、吉田先生が「強い系」と呼ぶような「スクールカースト」の上位に位置づけられる生徒のことは、それほど心配はしていません。というのも、彼らは「生き方」が「うま」く、「ゴマすり」などもでき、人間関係をうまく構築していけるため、たとえ仕事を辞めたとしても、「そんなに心配ではない」と吉田先生は考えているからです。

また松本先生も、吉田先生と同じく、「スクールカースト」の上位に位置づけられる生徒は、「人ヅテ」で「就職をやすやすと見つけていく」ため、就職や将来に関する心配はしていません。

ただ、吉田先生と違うのは、就職の採用結果が、「地位」により差異があるとは考えておらず、たとえ就職できなかったとしても、上位に位置づけられる生徒は、「コミュニケーションするのが上手」なため、何でも人ヅテでうまくいくのではないかと考えているようです。

松本先生が、「スクールカースト」の上位に位置づけられる生徒に対して抱く感情は、「何とか生きていけるんだろうなあ」という感じだといいます。

一方で、松本先生は、「スクールカースト」の下位に位置づけられる生徒には、不安を募らせていることも語っています。それは、彼らには「覇気もな」く、「先生かお母さんが、なんか言わないと何もや」らないため、教師側が手を差し伸べてあげない限り、将来への希望は薄いと思えるからだそうです。
このように、吉田先生や松本先生は「スクールカースト」の上位に位置づくと見なされる生徒を「コミュニケーション能力」が高い、人間関係のやりくりの上手な生徒だと捉えており、それゆえ、そうした能力があれば、将来の心配はないと考えているということがわかると思います。

**下位は寂しく、人生損しているんじゃないかと思う**

また小林先生は、「スクールカースト」の下位に位置づけられる生徒は、将来、学校を卒業したときに、みんなと一緒の思い出が少なく、寂しい思いをするのではないかと考えています。

**小林先生**：まあ将来的にはそうなるよ。これ、この子（下位の児童）はどうなるんだって思う。本当に悪ガキでどうしようもないやつでも、将来的にはこの子は何とかなるだろうなあって思うし、最終的には印象に残りやすいから好かれたりするんだよね。印象に残るんだよ、良くも悪くも。「憎まれっ子世にはばかる」じゃないけど。なんか、もう最終的に卒業するころになったら、職員室にあいさつしに来て、かわいいなって思うこともあるしね。でもその弱い子は、消えちゃうかなあ。

――：え？　消えちゃう？

**小林先生**：薄いよね、存在が。なんかオレは人生損してると本当に思うもん、そういう子。あいまいな表現だけど。

――：どういうこと？

**小林先生**：イベントでも活躍できないし、騒ぎに参加できないし、たとえば6年生で卒業して、みんなで集まろうぜっていうときに誘われなかったりだとか、おとなになったときに一抹の寂しさを覚えるのは、そういう子たちじゃないかなあって。オレからすると損だけって感じがする。

小林先生は、たとえ「悪ガキでどうしようもない」生徒であったとしても、「スクールカースト」の上位に位置づけられる生徒に対しては、将来の不安はそれほどないといいます。それは、上位に位置づけられる生徒は良くも悪くも印象に残りやすく、そのことから最終的にはみんなから「好かれたり」することもあると考えているからです。

しかし、下位に位置づけられる生徒は、クラスメイトの印象に残りづらく、みんなの中から「消え」てしまいます。そのため、クラスメイトと楽しく過ごした思い出も少なく、卒業後に開かれる同窓会などにも誘われなかったり、誘われても話題が少なかったりして、そうしたときに「一抹の寂しさを覚える」のではないかと考えているのです。

このように小林先生は、クラスメイトから強く印象に残り、好かれるような「能力」を重要視し、下位に位置づけられる生徒には、そうした「能力」があるようには見受けられないため、将来を危惧しているようです。

ここまで見てきたように、教師たちは、「スクールカースト」の上位に位置づけられる生徒を、「人間関係をうまく作り上げる」能力の高い生徒であると認識しており、それゆえ、そうした生徒を積極的に評価する傾向にあります。そして、そうした能力を持つとされる生徒であれば、将来「なんとかやっていける」というような見込みを持っているのだということもわかります。

しかし、逆に「スクールカースト」の下位に位置づけられる生徒は、「人間関係をうまく構築する」能力や、「コミュニケーション能力」が欠如している生徒であると把握しており、将来への不安も強く感じているということがわかりました。

ここまでは、教師がそれぞれの「地位」に位置する生徒に対してどのような見解を持っているかを明らかにしてきました。しかし、ここまでの分析では、教師が「スクールカースト」という構造それ自体にどのような見解を持っているのかはわかりません。

そこで次からは、教師が「スクールカースト」そのものに対して、どのような見解を持っているのかを検証していきたいと思います。

## (3) 教師は「スクールカースト」そのものをどう見ているか?

さて、では教師は、「スクールカースト」それ自体に、いかなる見解を持っているのでしょうか。

具体的にはまず、「スクールカースト」が存在する（と彼らが思っている）こと自体が、教師の指導のあり方にいかなる影響を及ぼしているか、つまり、教師は「スクールカースト」を学級経営の戦略として用いているか、ということを検証していきたいと思います。

そして、次に、そうした「スクールカースト」があること自体を、教師として、どのように考えているのかを明るみに出したいと思います。

ここで導き出される知見は、ここまでに明らかにしてきた、教師が「スクールカースト」上位の生徒を「能力」のある生徒として評価してしまうメカニズムを、解明するためのヒントとなるかもしれません。


**「スクールカースト」は教師が利用すべきもの**

インタビューからは、教師が学級経営の戦略に「スクールカースト」を利用しているという話が聞かれました。彼ら教師は、生徒の「スクールカースト」上の「地位」を把握することを、教師として、もしくは学級担任として、非常に重要なことであると考えています。

では、いったい彼ら教師は、なぜそこまで「スクールカースト」を把握することを重要視し、学級経営の戦略として、利用しているのでしょうか。

**加藤先生**：いや、てかね、教師だとみんな知ってると思うんですけど、「黄金の3日間」

って言われる一番最初の3日間があるんですけど。

――：何それ？　「黄金の3日間」て。

**加藤先生**：だから、入学して一番最初の3日間があるんですけど、この3日間だけは生徒は先生の言うことを聞くんですよ。だから、『ROOKIES』（森田まさのり・集英社）とかみたいに荒れてたとしても、マンガみたいに最初から反抗してくる生徒っていうのはいないんです。3日間だけは言うこと聞くんですよ。まあそこで、教師のキャラクター含む学級経営の軸を定めないと、何にもならないんですよ。その3日間をうまく利用するのが、コツですけど、そこで生徒の反感を買った場合、4日目からはうまく機能しなくなるんで、そこがね、力量なんですよね。（中略）だから一発目で（生徒の）勢力関係の把握を外すと、もう学級経営（が）成り立たなくなるんですよ。

**松本先生**：立場の強い子のそういう発言一つでやっぱりクラスのルールっていうのが決まっていく可能性もあるよなって思ったよなあ。だからあえて、だからそういう生徒に話ふって、立場（が）強いやつ（を）使って、いい方向にもっていくようなときもあるなあ。そのほうが流れがスムーズなんだよ。だから正直、教師側の視線でわかると思う。わかってるね。担任やっててわかんなきゃザルだよ、教師。

中学校教師の加藤先生は、「黄金の3日間」と呼ばれる「入学して一番最初の3日間」に、「学級経営の軸を定め」ることが望ましく、「学級経営の軸を定め」るためには、「勢力関係の把握」が必要不可欠であると考えています。

加藤先生によれば、「黄金の3日間」のあいだにうまく「学級経営の軸」を定められなかった場合、4日目からは「生徒の反感を買」い、「学級経営（が）成り立たなくなる」のだそうです。

このことから、加藤先生が、最初の3日間にすべきこととして「勢力関係の把握」を挙げているのだと理解することができます。

しかし、最初の3日間に「学級経営の軸」を定めることの重要性は理解できますが、その3日間のあいだに「勢力関係の把握」をしなければならないのはなぜなのでしょうか。

その点に関し、松本先生は、「立場の強い子」が「クラスのルール」を決めていく可能性もあるからだと答えています。

松本先生は、ときに「立場（が）強いやつ（を）使って」、教師が思う望ましい方向に生徒たちをひっぱっていく戦略をとることがあるといいます。そうしたことから、松本先生もまた、生徒の勢力関係の把握は大事なものだと考えているということがわかります。

また、松本先生は、勢力関係の把握をできないような教師は「ザル」であるということも語っており、教師という仕事に就く以上、生徒の「スクールカースト」を把握できないようでは教師として失格であると考えていることもわかります。

このように、教師は、スムーズな学級経営を行なうために、「スクールカースト」の把握を重要視しており、また、それを利用した学級経営の戦略をとりうることも明らかになりました。

では、こうした戦略がとられる背景には、何があるのでしょうか。

それを知るためには、教師側の「スクールカースト」自体への見解が、どのようなものになっているのかを検証する必要がありそうです。

というのも、教師が「スクールカースト」それ自体に否定的な見解を持っている場合には、少なくともそれを利用するような学級経営戦略を採用するとは考えづらいからです。

そこで次からは、教師が、この「スクールカースト」それ自体に対して、どのような見解を持っているのかを明らかにしていきましょう。

**「スクールカースト」は否定できない、無くてはいけないもの**

今回のインタビュー対象者の教師からは、「スクールカースト」に対する否定的な見解はあまり聞かれず、むしろ、同学年の集団に、「地位の差」が存在することに対して、肯定的な見解を示す言葉が多く聞かれました。

そしてそれは、「スクールカースト」による「地位の差」を、何かしらの「能力」による序列であると解釈しているからでもあります。

**加藤先生**：僕は（生徒の「スクールカースト」を）肯定しますすね。その理由としては、その進路含めて自分らしさとか、もちろん学業は大事で学力向上は学校の本質なんですけど、力っていうか、まあ権力っていう面を「生きる力」とすれば、自分がどういう人間なのかとか、自分がどういうところで活躍できるとか、自分の長所短所っていうのを把握していくためには、こういう立場の強弱っていうのをわかっていくことで、世の中にはこういう人がいるっていうのもわかっていかなきゃかなあって思うからです。だから、コミュニケーション能力、人間関係、結局一人じゃ人間生きていけない中で、人を認めたり、それと自分を認めたりすることが、やっぱこういう立場っていうことであれば、肯定するしかないなあって思いますね。生徒のためを思って、そういう気持ちです。そりゃあ、何も傷つかずに中学校生活を送ることは素敵な思い出になるわけですけど、それで終わりじゃない。（中略）（学校は）社会の架け橋になっている、その架け橋の中なわけですからね。こう、より良くこの後生きていくためには、今後、（学校生活の中で自分が）どの立場にいたってことが、いい経験として生きてくるかなあとは思いますね。だから、低い立場だからって、最悪ドロップアウト、もっと言えば、自殺したりとかさせないようにするのが、こっちの仕事かなあというのは思いますね。立場が弱いってことは、人に意見を聞き入れてもらえなかったり、人の支持を得られないってことの象徴なわけだから、まあ気づけってことですね。僕たち教師はできるだけそのお手伝いをするから、っていう感じだと僕は思います。全員がある場では、将来は、自己主張して勢力関係の上位についてもらうような能力を育成することができればいいと、そう思います。だから、こういう立場の上下関係が存在するっていうことは、僕は賛成です。いい経験です。

――：うーん、じゃあさ、実際、こういう関係、ぶっちゃけいいと思う？　悪いと思う？

**松本先生**：オレは、なきゃいけないのかな、って思うのね。理由は、人間誰もが社会出る前に、いろんな人間に出会うことによって、自分の、何ていうんだ、原石がキレイになっていったりするんだよな、ってオレ感じるのね。それと一緒だと思うのね。上下関係とか強弱とか言い方いっぱいあるけど、そういういろんな人間関係の中でも自分らしさを身につけていったりするっていうのは、オレは必要なんじゃないかと思ってるよ。それ自体がコミュニケーション能力の育成だと思うな。孤独感とか疎外感が、もし学校の中であるとしたら、それに気づくいいきっかけなんじゃねえかなあと思うけどなあ。

**小林先生**：オレはあのう、立場が強いやつっていうのは、それは資質だと思ってるんだよね、才能。備わっていくことも、まああるとは思ってるけど。んで、それをいい意味で利用してるやつや、悪い意味で利用してるやつ両方ともね、基本はオレはリーダーとして育てていきたいと思ってる。（中略）うまく持っていければね、そいつは絶対リーダーになれると思うし、そういう資質があるからさ、リーダー性を育てたい。悪い意味でも人を集めてられるわけだから。だからオレが（担任を）持ってるうちは、悪いままでもしょうがないとして、将来的にはね、裏の世界に行っちゃうまで悪くなったりか、それか化けて社長とかになるやつもいるわけだから。だからそういうふうに持っていきたいなって思うわけだよ。んで、弱い立場の子は、まあそれもそれで、それが楽だと思ってそうしているやつもいるわけだからさ、んで、無理して「お前、委員長やれよ」って言っても、それがプレッシャーになって、学校来なくなっちゃう子もいるわけだから、それはそれでね、それが個性だから。だから、その子はクラスで別の個性を作ってやってね。

加藤先生は、「スクールカースト」は学力で成り立つものではないと認識してはいますが、それでも、「スクールカースト」による「地位の差」が生徒のあいだに認識されていることを肯定しています。それは、たとえ「権力」として生徒のあいだで機能していたとしても、そうしたものを「生きる力」として考えれば、肯定せざるをえないと考えているからです。

また、生徒のあいだにこうした立場の強弱があるとすれば、それは「人に意見を聞き入れてもらえたり、人の支持を得られ」たりすることの「象徴」なのだと捉えていることもわかります。

こうした「能力」を、加藤先生は「コミュニケーション能力」と呼び、学校が社会の架け橋として存在している以上、学校で身につけておかなければならない必要不可欠な能力であると考えているのです。

また、「スクールカースト」を肯定するのは、決して教師のためなどではなく、「生徒のためを思って」のことだと言います。

加藤先生は、もし、「スクールカースト」の下位に位置づけられる生徒が傷ついたりしていたとしても、生徒たちがこれから社会に出ていくことを踏まえれば、なぜ自分がクラスメイトから下位だと見なされているのかを考えることは、必要なことだと考えています。

そして、「立場の弱い」生徒に関しては、「スクールカースト」の中でなぜ自分が下位だと見なされていたのかということを考えることによって、自分がなぜ立場が「弱い」のかに「気づ」き、そうした弱い自分を修正して、社会に巣立つことができるようになればいいのではないか、と考えているようです。

また、「スクールカースト」による「地位の差」を「能力」による差だとして解釈している点では、松本先生も同じです。

松本先生も、「スクールカースト」による「地位の差」を、「なきゃいけない」ものだと考えています。松本先生も、「スクールカースト」は、「コミュニケーション能力」により成り立っていると考えており、下位に位置づけられる生徒には「自分らしさ」が欠けていることから、そうした「自分らしさ」を見つけること自体が「コミュニケーション能力の育成」に繋《つな》がると考えているのです。

そしてもしも、この「スクールカースト」がある中で「孤独感」や「疎外感」があるのならば、それに気づき、社会に出るまでに自分を修正していくことで、それを解決していけばよいと考えています。

一方、小林先生は、加藤先生や松本先生とは違い、「スクールカースト」による「地位の差」を、「リーダー性」によるものだと考えています。「リーダー性」は、良い意味で利用している生徒も、悪い意味で利用している生徒もいますが、小林先生はそうした「リーダー性」を持つ生徒は、「才能」や「資質」がある児童だと見なしており、努力で得ることの難しい潜在的な能力だと解釈しています。ですから、こうした能力を持つ生徒には、将来性も含めて非常に高い評価を下しています。

そして、下位だと見なされている生徒は、その「才能」や「資質」がないため、「クラスで別の個性」を作っていかなければいけないというように危機感を持っているということもわかります。また、そうした生徒は小林先生からすれば、「楽」をしているように見えているようです。

このように教師たちは、「スクールカースト」による「地位の差」を、「生きる力」や「コミュニケーション能力」、「リーダー性」といった、「能力」の違いによるものだと解釈し、そのため「スクールカースト」それ自体に肯定的な見解を示すようになると考えることができます。

＊　＊

この章では、教師が「スクールカースト」をどのように把握していて、教師の行動が「スクールカースト」の維持のメカニズムにいかなる影響を与えているのかを明らかにすることを目的として議論を進めてきました。

その結果、おおざっぱにまとめると、教師が見ている「スクールカースト」の風景は、生徒に見えているそれとほとんど変わらないと言えることがわかりました。

しかし、生徒が「権力」として「スクールカースト」を把握していたのに対して、教師は「スクールカースト」による「地位の差」を、「能力」として把握しているということもわかりました。

彼ら教師は、「スクールカースト」を、「生きる力」や「コミュニケーション能力」によって成り立っていると解釈することによって、「スクールカースト」があることそれ自体を、肯定していることが明らかになりました。

また、肯定しているがゆえに、その「スクールカースト」を積極的に学級経営の戦略として利用しているということも明らかになりました。そのため、教師は、学級担任を持つ際には、「スクールカースト」を把握することを重要視しており、把握できることを教師の力量であると考えている教師もいることもわかりました。

つまり、第5章で明らかになったのは、生徒とは同じ教室の風景が見えているにもかかわらず、生徒と教師は、「権力」と「能力」という別の視点から、「スクールカースト」を把握しているということです。

次の章は本書の最後の章になります。ここまで得られた知見をまとめ、「スクールカースト」がいかなるメカニズムによって成り立っており、これからどうしていけばよいのか、そのことを考えていきたいと思います。

**第5章のポイント**

【ポイント1】

○児童生徒側が認識している「スクールカースト」と教師側が認識している「スクールカースト」に大きな違いはない。

○「上位」の児童生徒と「下位」の児童生徒の特徴も、同じように捉えられている。

【ポイント2】

○教師は「スクールカースト」を「能力」による序列だと見ている。

- 「積極性」
- 「生きる力」
- 「コミュニケーション能力」など

【ポイント3】

○教師は「スクールカースト」を肯定的に捉えている。

・これから社会に出ていくことを考えれば、「スクールカースト」があることは望ましい。なぜなら、自分の「能力」の足りないところが見えやすく、改善していけるから。

――→「努力」や「やる気」で改善可能なものだと認識されている。

# 第6章

# まとめと、これからのこと

この章は、本書の最終章にあたります。本書では、ここまで、「スクールカースト」がどのような仕組みで成り立ち、児童生徒の学校生活にどのような影響を及ぼしているのかを明らかにすることを目的として、分析を行なってきました。

この章では、ここまでの知見を整理し、そのうえであらためて、「スクールカースト」の今後を考えていきたいと思います。

## (1) まとめ——「権力」と「能力」の構造

### 「スクールカースト」は権力でできている——生徒側の捉え方

まず、第3章の分析から、学校段階によって、「スクールカースト」の認識に変化が見られることが確認されました。

小学校では、特定の個人の児童が、「スクールカースト」の上位や下位に位置づけられるのに対して、中学校以降では、所属するグループごとに、力関係を把握しているということです。そして、中学校以降のほうが、より「スクールカースト」が学校生活に影響を与えていることもわかりました。

生徒たちが特に「スクールカースト」を強く意識するのは、自分の所属するグループ以外のクラスメイトと、強制的に一緒にいることを強いられているときです。

特に、学校行事や班決めなどの際には、そのことがとても大きな影響力を持っているようです。そのときに、上位に位置づくグループが、下位に位置づくグループに過度の干渉を行なうことで、さらにその力関係を強固なものにしていることもわかりました。

彼らは、「スクールカースト」の上位のグループに所属することを、充実した楽しい学校生活を送るための必要条件として認識しています。下位のグループに所属することは、自分の所属するグループ内だけで行動できるときには、不利益を感じることはないものの、クラス全体での行動を強いられる状況においては、さまざまな不利益を被《こうむ》っているのではないかと感じています。

つまりこのことは、宮台真司さんのいう『『ヨコナラビ』の『島宇宙』』が、「ヨコナラビ」ではなく、島と島のあいだに優劣関係が生じ、「タテナラビ」の「島宇宙」になっていることを表していると言えるのかもしれません。

さらに彼らは、上位に位置づくグループに所属する生徒に、ある程度共通した特徴を見出しているのに対して、下位に位置づくグループに所属する生徒には、取り立てて特徴を見出してはいませんでした。ですから、上位のグループに入れず、そこからこぼれた生徒が入るグループを「受け皿」として認識したりもしています。

そして、「受け皿」の生徒が、上位に位置づくグループに所属する生徒に抱く感情は、「めんどくささ」や「恐怖心」といったものであるということです。一見不思議に思うかもしれませんが、クラスメイトから支持を得ている生徒というのは、「人気」もあり、「友だちが多いふう」ではあるものの、じつは彼らを好意的に受け止めている生徒はあまりいません。「スクールカースト」の上位に位置づく生徒が、支持されているように見えるのは、彼らの「結束力」や「影響力」を背景として形成される「権力」を恐れてのことです。それゆえ、彼らが抱く嫌悪感は表立って表出されることはありません。

そして、彼らの言う「権力」が生徒に影響を及ぼすのは、この「スクールカースト」が固定性を持つ仕組みであると把握されているからでもあります。クラス替えを経て、学級集団が改変されたとしても、変化が起きることは難しいと考えているのです。

その理由は、生徒たちは、部活動やそのほかのさまざまな活動を通して、ほかのクラスの生徒とも一定の交流を持っており、すでにそれぞれの生徒がクラスの中でどのような位置づけであるかという情報が、学年内で共有されているからです。

ですから、たとえ学級集団が改組されようと、「スクールカースト」のポジションを変えることを難しいと感じています。

それに、生徒は「スクールカースト」を教師も同じように把握しているのではないかと考えています。生徒は、教師の生徒に対する接し方が、「スクールカースト」のポジションによって、違いがあると感じているということです。

教師が「スクールカースト」の上位に位置する生徒に対しては、「仲良く」したり、「機嫌を取」ったり、「媚《こび》（を）売っ」たりしているように見えるのに対して、下位に位置づけられている生徒にはそうした様子があまり見られないことからです。

このように、生徒の目線からは、「スクールカースト」の中にある人間関係は、普遍的な「権力構造」であると考えられています。

自分の努力で変えることは難しく、それに抗《あらが》うにもメリットが少なすぎます。ですから、消極的に「スクールカースト」を受け入れていくのです。

## 「スクールカースト」は能力でできている――教師側の捉え方

また、教師が把握する「スクールカースト」も、生徒側の把握しているそれと大きな差異はないということがわかりました。

しかし教師は、児童生徒側の認識とは異なり、「スクールカースト」の上位に位置づく児童や生徒に、極めて好意的な印象を持っています。

というのも、上位に位置づく生徒を、「積極性」があり、「教室の中の雰囲気を作っていくことのできる「能力」の高い生徒だと認識しているからです。

また逆に、下位に位置づく生徒に関しては、そうした「能力」を持たない生徒であると認識しており、彼らに対する評価は極めて低いこともわかりました。

教師が「スクールカースト」に見る能力とは、「生きる力」や「コミュニケーション能力」「リーダー性」という、はかることの難しいあいまいな能力です。

そのため教師は、クラスに「スクールカースト」が見られることを、生徒の人間的な成長のうえで必要なことだと考え、自らの学級経営戦略として積極的に利用していることも明らかになっています。

図6-1　「スクールカースト」のメカニズム

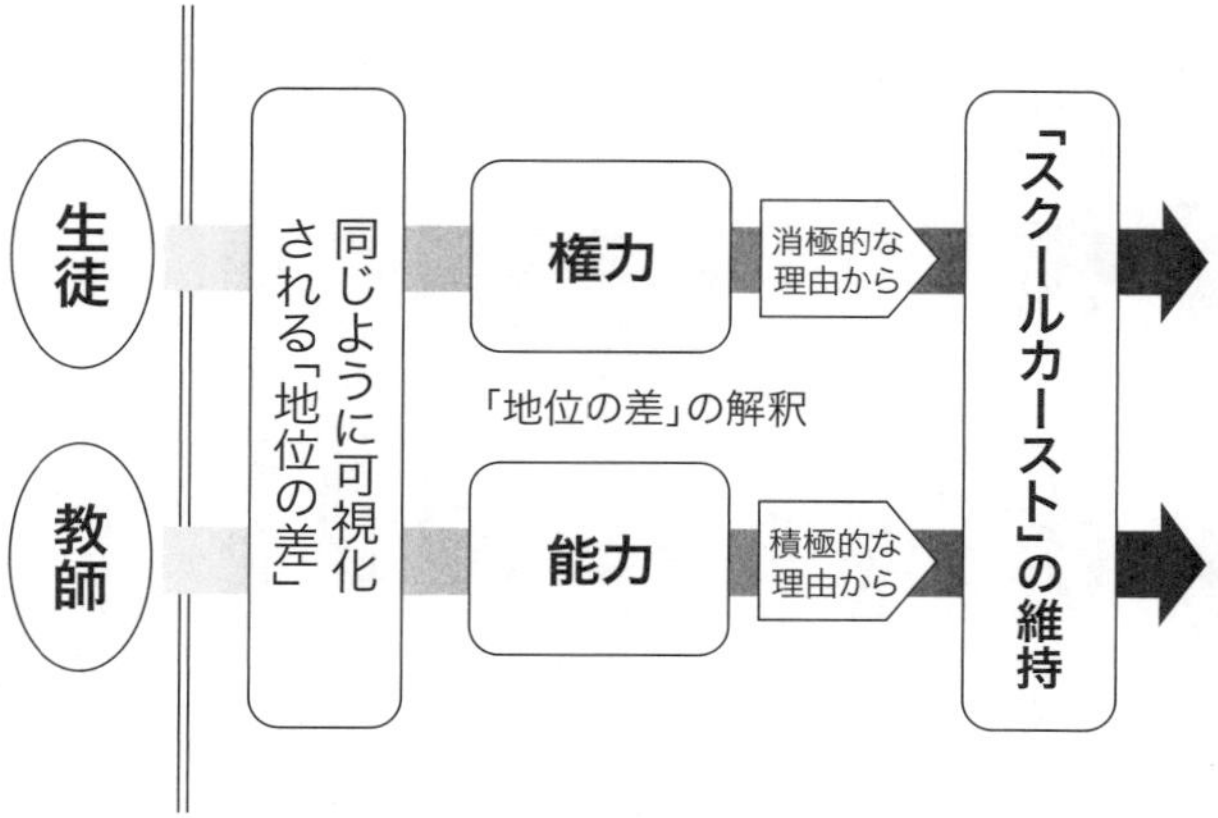


## 「スクールカースト」は「権力」と「能力」でできている

ここまでで得られた教師の目線と、生徒の目線を照らし合わせて考えてみると、図6－1のように表すことができます。

つまり、生徒と教師は、ほぼ同じ状況を見て、生徒間の「地位の差」、すなわち本書でいうところの「スクールカースト」を把握していますが、その解釈にズレが生じているということです。

生徒が「権利の多さ」を軸とする、「権力」構造として「スクールカースト」を解釈しているのに対し、教師は「能力の高さ」を軸とする、「能力」のヒエラルキーだと解釈しています。

ですから、このズレから、生徒は、教師もまた「権力」に従っていると認識し、「スクールカースト」の維持へと拍車をかけます。

一方、教師は逆に、「スクールカースト」を「能力」を軸とするヒエラルキーだと認識していますから、彼らが「スクールカースト」による地位に抗わない様子を見て、「学力」でははかることができない潜在的な「〇〇力」によるものだと認識し、評価の対象として積極的に評価し、学級経営の戦略として利用しようとします。

それら異なったプロセスから導き出される帰結は、奇《く》しくも等しく「『スクールカースト』をそのまま存続させる」というものになります。つまり、両者は同じ光景を見て「スクールカースト」を把握してはいますが、それへの認識や解釈はまったく別のものだということです。しかし、異なったプロセスを経たとしても、両者の導き出す帰結は同様のものです。

学級集団というのは、教師と児童生徒から成り立っているものですから、両者のどちらからも「『スクールカースト』の存続」が選択された場合、おのずから、「スクールカースト」は承認され、そのまま維持されていくのだと考えることができるでしょう。

＊　＊

ここまで見てきたように、「スクールカースト」とは、これら二つの要因から、存続されるべくして存続されている「システム」だということができると思います。

本書では、「いじめ」という文脈をはずして、あらためて生徒の人間関係にスポットライトを当てることによって、同学年の生徒の中に存在する非常に生々しい序列構造を描き出してきました。

とはいえ、本書では、この生々しい序列構造を描いたからといって、今学校で生活している児童生徒側に対しても、先生方に対しても、個人的な攻撃をするつもりは一切ありません。ただ、このままではマズいな、ということは、本書の執筆を通して、痛いくらい感じています。

なぜなら、上位の生徒にとっても、下位の生徒にとっても、学校生活を過ごすうえで、「スクールカースト」が負の側面を多く持ちうるものだということがわかってきたからです。けれども、この「スクールカースト」は、個人の力で変えることは非常に難しい現状にあることも、もちろんわかっています。

ですから、「スクールカースト」の問題を解決するためには、教育政策の介入や、学校のシステムを改善していくことはもちろん必要です。それはこの問題が教育政策の中で重要視され、研究が進むことによって、徐々に遂行されていくでしょう。

しかし、学校のシステムを改善するには、非常に時間がかかります。ですから、ここでは最後に、「スクールカースト」のある学校とどのように付き合っていけばよいのかを、それぞれの立場から考えてみたいと思います。

ただし、これはあくまでも、現状ある学校のシステムが変化されない、あるいは変化までに時間がかかることを考慮して、それでもなお、今、どうしていけばよいのかを考えてみたものだ、ということをご理解ください。

## （2）僕からできる、（今現在の）アドバイス

### 今、学校に通っている君へ

今、学校に通っている人は、自分の行動がみんなの価値観や評価を作り出していることを、

意識してくれるといいなと思います。自分のちょっとした行動なんて、何もみんなに影響なんて与えていないと思うかもしれませんが、じつはちょっとした言動が、みんなの価値観に影響を与えているかもしれないということを、少し念頭に置いてみると、「スクールカースト」は今よりも緩《ゆる》くなる可能性があります。

「スクールカースト」は上位の生徒にとっても、下位の生徒にとっても、誰も得しないシステムですから、「スクールカースト」を作り出すことに加担してしまうのは、とても悲しいことです。

もちろん、差別や区別に極端に敏感になる必要はありませんが、自分のちょっとした行動が、学校にある複雑な人間関係を生み出しているかもしれない可能性を考えてみると、少し変わるかもしれません。学校では、人間関係以外にも、ほかに考えることがいっぱいあるでしょうから、余計なことであんまり悩んだりしたくありませんし、みんなそんなに苦痛にならない空間が一番いいはずだと思うのです。

でも、もしかすると、今「スクールカースト」から逃れられないことに悩んでいる人もいることでしょう。「スクールカースト」は個人の力で今すぐ変えられないということも、本書の分析を通してよくわかります。

ですので、今ある「スクールカースト」とどう付き合っていけばよいのかについての対応策を、段階的に何パターンか考えてみましたので、参考にしていただければと思います。
ただし、ここで示すのは、あくまで一例です。本質的には、長期的な解決策が必要なことは言うまでもありません。

ここで、対応策を段階的に考えた理由としては、今回のインタビューを経て、「スクールカースト」の中で感じる「劣等感」や「優越感」は、非常に温度差があると感じたからです。笑いながら、過去を振り返る学生もいれば、インタビューの途中で泣きだしてしまう学生もいました。ですから、ここでは、その温度の差に応じて、三つの対応策を提示していきたいと思います。

まず、我慢できないほどではないけれども、「スクールカースト」の中に身を置いていることがキツい場合。一つ目の対応策は、状況を受け入れて、期間限定で自分の感情をコントロールするという方法です。

学校に通うことは、永遠に続くわけではありません。小学校なら6年、中学校や高校なら3年と、あらかじめ通う年数がきっちり決められています。現在、日本人の平均寿命は約80

歳ですから、そのうちの限られたあいだだけ、くだらないことに付き合ってやるというスタンスで過ごしてみてもいいかもしれません。大事なのは、今の人間関係がずっと続くものだと錯覚しないことです。

少なくとも、中学校を卒業すると、高校で人間関係をいったんリセットできます。専門学校や大学ならなおさらですね。許す限り、今の人間関係を知らない土地の学校に行くのも一つの手です。学区が撤廃されている都道府県も、最近はかなりありますから、無理な手ではないと思います。

ただ、どんなに失敗しても、「絶対この場所でうまくやれなきゃダメ」なんてことはありません。あくまでも「学校の人間関係というのは期間限定」だということを忘れないでください。

それに、学校での人間関係からある程度離れてみると、過去に抱えていた「スクールカースト」で感じる「もやもや感」は、あまりにも滑稽《こっけい》に思えてきたりもします。今は学校の中が、みなさんの生活の中で大きなウェイトを占めていますので、いろんなことを深刻に感じることが多いかもしれませんが、学校を離れてしばらく年数が経ち、長い人生のうちのほんの一部だと考えると、深刻さは薄れていくことがあるということです。

次は、学校には行きたいけれども、今の状態を我慢することが難しい場合。二つ目の方法は、学校とは違う評価をする場所にも行ってみることです。

「スクールカースト」に対するもやもやした感情は、何によって決められているかわからないのに、勝手に「上」や「下」に位置づけられてしまうというところにあります。

学校の中にある価値観は絶対ではありませんし、じつはもっと単純な評価でできている場所がいっぱいあります。たとえば塾。特に進学塾。進学塾は目的の高校へ、あるいは大学へ行くために一生懸命勉強するところです。

目的がはっきりしているところなら、評価の軸はある程度決まった方向に向く可能性が高いです。嫌なことがあるなら自由にやめていいですし、いくらでも代わりの場所があります。

学校に行くか、行かないかの二択ではなく、別の場所に行ってみるという選択肢を単純に増やしてみるということもいいでしょう。そして、そっちのほうが居心地がよければ、学校なんて行かなくてもいいと思います。学校は、もはやそれほど強制されて行くような重要な場所ではなくなっていると思います。

また、人間関係それ自体に疲れてしまって、人の集まるところに行きたくないなら、もうどこにも行かなくてもいいです。しばらく何もしなくてもいい。三つ目の方法は、どこかに行けないから行かないのではなく、積極的にどこにも行かないということです。

人間関係が億劫になるのは、どこか決められた場所に「行くか行かないか」の二択を強いられるからだと思います。

特に小中学生のうちは、学校と家を往復するだけの生活が続くので、そのうちの一つを削るのは、すごく勇気がいると思いますが、15歳以上になると、その二つの選択肢だけではなく、いろんなことができるようになります。

家族のもとを離れて仕事をすることもできるし、もう一度、何かを学んでみたくなったら、高認（高卒認定・旧大検）をとればいい。それに、学校ではない学校的な施設（フリースクールなど）でも十分に勉強することはできます。

また、大学はそんなに人間関係が固定的な場所ではないので、中学校や高校には行かず、大学だけに行ってみるというのもいいと思います。

とにかく、いろんな選択肢を増やして考えてみてから、これからどうするべきなのかを家族と話し合うのがいいのではないかと僕は思います。

よく、「学校でうまくやれないなら、社会でもやっていけるはずはない」なんて聞くことがありますが、学校ほど人間関係が複雑なところは、あまりないといってもいいでしょう。学校の先にある社会では、もっと単純なことで評価されることが多くなっていきます。

## 学校の先生方へ

今、学校ではさまざまな能力の養成が求められています。はかることが難しい、さまざまな能力を評価しろと言われることもたくさんあるかもしれません。

学校の限られた時間の中で、何かしらの目に見えることだけで判断して、生徒を評価しなければいけないのですから、先生方は本当にたいへんだと思います。特に、近年、評価の対象とされるさまざまな「○○力」(「生きる力」や「コミュニケーション能力」など)は、非常に評価に迷うところなのではないでしょうか。ですから、その中でも先生方は、手を尽くして、何とか評価しようと努力しているのではないかと思います。

ただ本書に挙げられるインタビューを見てみると、先生方の評価は、生徒の進路だけでなく、そこで過ごす彼らの人間関係やその価値観にも、影響を及ぼしている可能性があることが見てとれます。もし、そうだとすれば、先生方にとって「○○力」だと見えるものをそのまま評価してしまうことが、児童生徒たちの人間関係をより複雑にしているということも考えられるかもしれません。

もちろん、先生方だけの問題というわけではなく、学校にあらゆる能力の養成を求める社会に、この問題の一因があることは、十分にわかります。それだけ、今の日本社会には、客観的な評価が難しい「○○力」があふれているからです。

そうした測ることが難しい「○○力」は、先生方が評価することにより、彼らにとっては確かに形があるものとして受け取られてしまう可能性があります。ですから、「○○力」を評価する際は、とても慎重になる必要があるのではないかということを、本書の執筆を通して、感じました。

学級集団の中であるように見える「能力」は、「もしかしたら、あるように見えているだけなのかもしれない」とか、「違う場所だったら、この子は少し違うかもしれない」というような見方をすると、児童さんや生徒さんの別の一面が見えてきます。そのことが、もしかすると、彼らの「スクールカースト」の固定性を、少し緩和させる効果を持つことがありそうです。

**保護者の方へ**

実際に学校に通っているわけではない保護者の方々にできることは、非常に少ないかもしれませんが、ご覧のとおり、今、子どもたちが通っている学校の人間関係は非常に複雑です。人間関係の問題を考慮すると、学校は自分の力では状況を変えることが難しい、逃げられない場所です。ですから、子どもがつらそうであれば、「いじめ」だとか「いじめじゃない」とかの文脈を離れ、「学校に行かない」という選択肢を与えることが必要かもしれません。

子どもたちは、生活時間のおおよそを家と学校で過ごしています。学校で耐えられないような、嫌なことがあったとき、家でも拒絶されたら、最悪な結果を導きかねません。そうしたことに比べれば、学校に無理やり行かせるメリットはありませんし、なぜ学校に行きたくないのか、問いただす必要もないのではないかと思います。なぜならば、特に人間関係上の問題は、非常に複雑で、今起こっている状況をうまく自分で言葉にできないことが多いと思うからです。

さらに、「学校に行くのが普通」という考え方自体が、「スクールカースト」が維持される要因となっている可能性もあります。その考え方は、学校に行くのが普通で、行かないのが普通ではないということを含意するからです。

まず、「学校に行かない」選択肢を与え、もっと選択肢が増える年齢になってから、将来のことを話し合ってみてくださるとよいのではないかと思います。

## （3）今後の課題

今後もっと「スクールカースト」のメカニズムが解明されていけば、今よりもよい改善策が提示される可能性があります。

しかし、「スクールカースト」研究は緒《しょ》に就いたばかりで、本書の知見も、パイロットスタディーの域を出ません。今後、より精緻な検証が必要であることには間違いないでしょう。本書の執筆を通しても、いくつかの課題が浮かび上がってきます。本書では今後の研究上の課題をいくつか挙げて、結びとしたいと思います。

まず一つ目の課題は、本書では「グループ」間の関係性に着目して検証を進めてきたため、「グループ内」の人間関係の検証が行き届いていないことです。グループ間の関係性だけでなく、グループ内のもっとミクロな人間関係にも着目する必要があります。

二つ目の課題は、「スクールカースト」のような人間関係を知らない、もしくは感じたことがない学生や教師にも、インタビュー調査をする必要があるということです。

今回の調査では、そうした人間関係を知らない、もしくは感じたことがないといった学生や教師は一人もいませんでしたが、ほかのところでは、数はさほど多くなくとも、そうした類《たぐい》の話を聞くことがあります。

そのような学級の人間関係はどうなっているのかを検証することは、一つの課題として挙げることができます。そこでの人間関係の諸相を明らかにすることで、「スクールカースト」の根本的な解決に結びつく可能性があるということです。

三つ目の課題は、とても難しい問題ですが、国際比較や年代比較の視点が必要だということです。

じつは学会発表の際に一番多く質問がくるのは、この手のものです。つまり、これは今の子どもたちに特有の現象なのか、それとも昔からあったのか。日本特有のものなのか、海外でもあるのか、といった質問です。

今のところ、この質問に答えることはできませんが、どちらも今後、取り組むべき問いであることには間違いありません。

最後の課題は、結論の妥当性の問題です。本書はアンケート調査の分析とインタビュー調査の分析から知見を生み出していますが、大きな問いをカバーしようとしているため、まだざっくりとした結論しか得られていません。もっと小さなところから、つぶさに明らかにしていく必要があります。

ただ、「スクールカースト」の実証的な研究が、これまで管見の限り見当たらなかったことを考えれば、本書の知見は、あくまでもパイロットスタディーとしてですが、十分に意義があると考えています。今後もいっそう、「スクールカースト」の解明を進めていきたいと思っています。

# あとがき

学校というのはとても不思議な場所です。そこにいたときに抱えていたもやもやした薄暗い感情は、卒業式が近づくにつれて、だんだんきれいな思い出に書き換えられていき、楽しいことばかりが頭の中をめぐるようになります。

そして卒業してしばらく経つと、いつの間にか、なぜ自分があんなに悩んでいたのかわからなくなってくるのです。あのころ感じていた薄暗い感情なんて、まるで最初からなかったかのようにさえ思えてきます。

この本を書いているとき、僕は何度か嫌な気持ちになりました。もう感じる必要のない薄暗い感情に、もう一度ひたすら向き合わなければならなかったからです。

それでも執筆し続けたのは、「スクールカースト」の謎とでもいうべきものに、疑問を感じている人が少なからずいることに気づかされたからだと思います。

インタビューをしているのに、逆に、「なぜこんなこと（スクールカースト）が起こるんですか」と聞かれることもありましたし、なぜか学会でも飲み会でも、非常に食いつきがいい話題です。多くの人にとって、それほど身近な話だということが身にしみてわかります。

逆に学校の先生は、気づいていながらも、あまり多くを語ろうとはしない傾向にありました。インタビューを途中で断られたりすることもいくつかありました。

本書に載っている先生のインタビューが少ないのは、そうした理由でもあります。許可がおりませんでしたので、本書には収録できませんでしたが、「スクールカースト」に問題意識を持っていて、積極的に解体しようとしている先生もいました。そしてそれは「学校側からすると望ましくないことなのかもしれない」とおっしゃっていました。

それに、こんな研究が進むと、教育現場に問題が増えるだけなのではないかと危惧《きぐ》してらっしゃる方もいます。だけど僕は、問題が起きていることをそのままにして目をつぶるだけでは、何も解決していかないと思っています。彼らの生きる世界をなるべく直視して、そのあとで適切な解決策を見出していきたいと思うからです。

それに、問題を増やすよりも、問題があるのに見て見ぬふりをしているほうが、問題ではないでしょうか。

それほど身近な「スクールカースト」は、これまで学術的に検証しようという動きがほとんど起きてきませんでした。それ自体が不思議でもありますが、はっきりとした定義がなく、社会問題になったわけでもありませんから、研究の対象にしづらかったということもあるのかもしれません。

本書の内容も学術的に見れば、方法も理論も非常に甘い内容だと思います。きっといろいろな批判もたくさんあることでしょう。

ただ本書の執筆を通して、「スクールカースト」に縛られながら学校生活を過ごしてきた人が少なからずいるということだけは間違いないと、はっきり言うことができます。勉強や進路だけが彼らの悩みのすべてではありません。

もちろん、もっと深く踏み込んだ検証が不可欠なことは間違いないと思います。

だからこそ、本書をきっかけとして、「スクールカースト」が「ささいなこと」ではなく、重要なトピックとしてどんどん解明されていけばいいなと、心から思います。

＊　＊

## 謝辞

本書は2011年1月に東京大学大学院教育学研究科に提出した修士論文「学級集団内に形成される人間関係の序列化に関する研究」をかなり大幅に加筆修正したものです。

本書のもとになる修士論文執筆の段階から、たくさんの方々のアドバイスをいただきました。本書を完成させることができたのは、ひとえに皆様のおかげだと思っております。厚く御礼申し上げます。

指導教員の本田由紀先生には、遅々として筆が進まない僕に、いつも適切で温かいアドバイスと丁寧なご指導をしていただきました。また、アドバイスのみならず、ゆかりふりかけや皿うどんまでいただきました。重ねて御礼申し上げます。

また計量分析のスペシャリストである佐藤香《かおる》先生にも、だいぶお世話になりました。喫煙所でタバコの火を消しながらニコニコして言う何気ない一言が、その後の執筆にどれだけ良い影響を与えてくれたことかわかりません。本当にありがとうございます。

コースの先輩方には、論文の構想の段階から、懇切丁寧な指導をしていただきました。勉強部屋ではリンダさんに、バドミントンのあとには伊藤さんに、ゼミのあとには須藤さんや堤さんに、とたくさんの先輩方に助けられて、本書を完成させることができました。

勉強部屋に行くと、熱心にパソコンや学術書に向かっている同期には、いつも助けられてばかりだったと思います。日下田《ひげた》さんや喜始《きし》くんが頑張っている姿を見ると、自分も頑張らなければと勇気づけられることもよくありました。きっとやることもいっぱいあるだろうに、嫌な顔一つせず話を聞いてくれた、大草や喜多下《きたした》、武田さん、林川《はやしかわ》にも感謝の気持ちでいっぱいです。延々と構想を聞いてもらったり、ときにはアドバイスしてもらったりすることもありました。いつまでたっても答えの出ない「スクールカースト」の話に延々と付き合ってくれてありがとう。

比教社《ひきょうしゃ》の人たちは、なぜ？と思うようなことに本当に敏感で、本書のテーマである「スクールカースト」の解明に対しても、さまざまな視点から、斬新なアドバイスをたくさんくれました。本当に恵まれているなあと思います。ゼミよりもむしろ飲み会や控え室で起こる、傍《はた》からだと、くだらなく見えるような真剣な大議論？の経験が、本書の執筆を大きく助けてくれたことは間違いありません。これからもよろしくお願いします。

また、インタビューに協力していただいた10名の大学生の方々と、４名プラスα《アルファ》の先生方には本当に感謝しています。忙しい中、私のために時間を割き、お付き合いいただきありがとうございました。もし皆様の協力がなければ、この研究は完成することはなかったと思います。

それに本書を出版するために、何度も作戦会議にお付き合いいただいた古市さん、編集を担当していただいた草薙《くさなぎ》さん。いつもあたたかい言葉をかけていただき、背中を押していただきました。古市さんには帯ウラに、とっても素敵な推薦文まで書いていただきました。本当にありがとうございます。

ただし、当然のことではありますが、本書の執筆を通して、明らかにしなければならないことがまだまだ山積みであることも実感しています。また、今回の対象である「スクールカースト」が、学校を生きる彼らにとってどれほど重要な要素を秘めたものであるかも痛いほど感じています。

これからの研究では、この仕組みの更なる解明を目指し、もっと洗練された解決策を皆様に提示していくことによって、ご協力いただいた皆様に恩返しすることができればと思っています。

# 解説

本田由紀

この本は、教室の中で自然発生的に形成される「地位」の上下、すなわち「スクールカースト」のあり方について、インタビュー調査と質問紙調査を用いて描き出した本です。

著者は第2章で、「いじめ」の研究を振り返ったうえで、「いじり」や「悪ふざけ」などの「いじめチックなこと」が、おとなたちからは「ささいなこと」のように見えても、「なぜだかわからないけれど弱い立場にいる児童生徒」にとって「教室は檻《おり》のようなものになりえる」からには、それが「いじめ」かどうかにかかわりなく、「なんとなく下に見られている ような感覚」が生み出されるメカニズムこそを、データに基づいて正面から検証する必要がある、と宣言しています。

これはとても重要な観点だと思います。

そう考える理由を、私なりの言葉で言い換えるならば、まず、生徒のあいだに発生している「上か下か」という関係性は、仮にそこに「上から下へ」のあからさまな悪意や侮蔑《ぶべつ》が強くない場合でさえも、「下」として扱われること自体が、その当事者にとってはとても苦しい状態であることが多いと思われるからです。

自分は自分としていろいろ感じたり考えたり行動したりしてこれまで成長してきたのに、なぜいつの間にかこのように引け目や気後《きおく》れをまといながら日々を過ごすようになってしまったのか。なぜ心からのびのびと笑ったり思うまま自由にふるまったりすることができず、あたりをうかがい、伏し目がちに生きなければならなくなってしまったのか。

あるいは、自分としては普通にふるまっているつもりなのに、なぜ変なあだ名やレッテルを貼られたりしてしまい、あざけり気味の扱いをうけなければならなくなるのか。

このような、徐々に酸欠状態がひどくなっていくような日常生活の根源に、毎日顔を合わせ長い時間を一緒に過ごす教室内の人間関係があるとすれば、それを検討の俎上《そじょう》に載せることには確かに意義があります。

そして、そうした「地位」の上下関係の中には、何らかの原因や条件によって、かなり明確な悪意がまぎれこみやすく、そうなればその標的となった子どもにとって、いっそう残酷な状態が待ち受けていることは言うまでもありません。

その悪意の強さや表現のされ方には幅や多様性があるでしょうけれど、それらがより強くなっていったところに、いわゆる「いじめ」として認定される事象が生起するといえます。つまり「スクールカースト」は「いじめ」と連続しており、かつ「いじめ」の培地となっていると考えられるのです。

そうであるからには、生徒間の「地位」や「スクールカースト」の現実を明らかにし、それに対してきちんと取り組まない限り、問題は起こり続けます。

しかも、「スクールカースト」は、「いじめ」よりも、ある意味でいっそう難題ですらあるのです。

本書でも述べられているように、「いじめ」については1980年代以降、多くの場合はそれを理由とする自殺の発生を契機として、くりかえし問題化されてきました。社会的な関心の高まりや研究の積み重ねによって、「いじめ」の公式定義も修正されてきました。

このように「いじめ」に対する社会の関心や問題視は強く、その「根絶」を掲げる対策もそれなりに講じられてきたにもかかわらず、「いじめ」をめぐる事件は発生し続けてきました。

その背景には、「いじめ」が法や処罰などを適用できるものばかりでなく、生徒間の微妙な関係性の中でいつでも・どこでも起こりうるものを多く含んでいるという事実があると考えられます。

このことを、とても上手に表現しているのが、２００１年生まれの子役タレントで、そのtwitterでの発言の鋭さが注目を集めている春名風花さん、通称はるかぜちゃんです。

２０１１年４月19日の彼女の連続tweetをまとめたtogetter（http://togetter.com/li/125610）では、次のような指摘が見られます。

「今だからいうけど、いじめが起きないようにむりやり仲良くさせられても、見えないいじめはありました(ω)目を合わせないとか、スッとよけるとか、目があったらクスッて笑うとかいう感じの(ω)口では仲良く話してたり、いっしょに遊んでるから先生にはわからないだろうけど(ω)／なぐられたり仲間はずれにされてないから、そんなのはいじめにはならないし、誰からも見えなくて誰にも気づいてもらえないけど、みんななんとなく知ってた(ω)／誰もわかりやすくいじめないから、何にも起こらないから、何にもないことになってた(ω)／いまのいじめは、やられた方にしかわからないくらいのことしかやられないから、やられた子が誰かに話したとしても気のせいとか、気にしすぎとかゆわれちゃうと思うから、やられた子も誰にも言えません(ω)」

このような事態が広がっているならば、何が「いじめ」で何が「いじめ」でないのかを、当事者以外がはっきりと確定できるような形で定義しようとすることは、とても難しくなります。

「スクールカースト」は、このような他者を隠微《いんび》におとしめるコミュニケーションのあり方が、グループ単位で、ある程度固定化されたものであると考えることができます。それゆえに、その問題化や解消は困難になるのです。

たとえば、長くいじめ問題を論じ続けてきた内藤朝雄さんは、近著『いじめ加害者を厳罰にせよ』（ベストセラーズ・2012年）で、「暴力系のいじめ」に対しては弁護士や警察の活用を推奨していますが、もう一つの「コミュニケーション操作系のいじめ」については、

「生徒を閉鎖空間に閉じ込める学級制度がある限り、手立てが乏しい。原則、絶望的であると考える必要がある」と書かれています。

その理由は、『「コミュニケーション操作系のいじめ』は、『暴力系のいじめ』とは違い、法や警察がうまく機能しない。『ずっとシカトされている』『クスクス笑われる』といったいじめは、被害者本人にとっては死にたくなるほどつらいことでも、警察は動いてはくれない（逆に、それで警察が動いて、無視したりクスクス笑ったりした人たちが逮捕されるといったことが起こったら、非常に恐ろしいことである）」（177～178頁）からです。

ここでいう「コミュニケーション操作系のいじめ」は、先のはるかぜちゃんの指摘と同様に、特定の生徒（群）から他の生徒（群）に対する侮蔑や排除を意味していますから、「スクールカースト」と共通性をもつ現象です。それはさりげないふるまいや言葉に埋め込まれているので、特定したり証拠を残したりすることも難しく、当然に法や警察の介入もしにくい。だから「根絶」などできるはずもなく、常に対策の手から漏れてゆくのです。

この点についての最近の指摘として、「【イジメは序列を生まない】いじめは序列の問題である件について【序列がイジメを生む】」というタイトルをつけられたtogetterサイトがあります（http://togetter.com/li/377555）。そこにまとめられた２０１２年９月22日の連続

tweetでは、加藤AZUKIさんというハンドルネームの方が、序列の「下位」に位置づくいじめ被害者が仮に転校や不登校などでいなくなっても、別の「下位」の子どもが標的になるだけだ、と述べたうえで、「いじめとは序列の問題。我々は序列から完全に決別することができないため、イジメもなくならない」と記されています。

教室内で生徒間には、上司・部下といった組織的に規定された上下の役割関係があるわけではないにもかかわらず――あるいは逆にそのような役割関係がないからこそ――こうした「序列」ができあがっており、そこからいじめが生まれる。

だとすれば、いじめの根源である生徒間の「地位」や「序列」、つまり「スクールカースト」を見過ごすことはできないのです。

この生徒間の「地位」の表れ方が、本書の第3章と第4章で細かく描き出されています。具体的には――小学校では個人単位だったものが中学校以上ではグループ単位になる。教室内ではグループ間の接点をもたざるをえないが、それはしばしば「上位」のグループが「下位」のグループを笑いものにするような形をとる（上位グループの女子が下位グループの子にわざわざプロフィール帳を書いてもらい、下位の子が喜んで書いたそれを上位の子がゴミ箱に捨てる、というエピソードは胸が痛みます)。そういう力関係は、特に行事のときなどクラス全体で取り組まなければならない状況下でいっそうはっきり表れる。そういうグループ間のかかわりがなければ、むしろグループ内では穏やかに満足していられる。もっとも「上位」のグループが何かの理由で場から抜ければ、より「下位」のグループが代わりに支配権を握ることができる。それぞれの地位にはそれに応じた「権利」が付随しており、それは「行使できる」ものであるだけでなく、「行使しなければならない」義務(教師の言葉に突っ込みを入れる、など)でもある。「上位」グループは、強気な言動や派手な容姿・身なり、運動部への所属などを特徴とするが、「下位」グループは特徴がないことをむしろ特徴とする。「下位」グループは「上位」グループを尊敬しているわけではなく、消極的に上下関係を受け入れているだけである。一度、ある「地位」に就くと、レッテルとして周囲に共有されるため、「地位」は変えにくい(再生産されてゆく)——このような、生徒たちの中でいつの間にか作り上げられているさまざまな暗黙のルールや、それに対して個々のグループの生徒がどのような解釈や感情をもっているかが、丹念に記述されています。

さらに興味深いのは、第4章の後半から第5章にかけて検討されている、教師たちのふるまい方です。

教師も「上位」グループにおもねり、自分が標的になることを避けるように努めていることを生徒は見抜いている。教師自身の言葉からも、自己主張ができて「カリスマ」的な「強い」生徒は「上」で、「やる気がなく」「意思表示をしない」「弱い」生徒は「下」であると教師が考えていることがわかる。そして教師はこうした生徒間の上下関係を利用して、教室内の秩序を維持しようとしている。

「いじめ」をめぐる諸議論においては、教師は「いじめ」を早期に察知し、それを是正するための策をとるべき存在として位置づけられがちですが、「いじめ」の培地である「スクールカースト」の維持に教師が加担してしまっているという本書の指摘は、この問題の根の深さをあらためて示してくれるものです。

著者は、終章である第6章において、こうした生徒側と教師側の「スクールカースト」への見方を総合的に把握する際に、「権力」と「能力」という概念を使っています。すなわち、生徒にとっては「スクールカースト」は逃れがたい「権力」として作用している。他方で、教師にとっては「スクールカースト」における上下関係は「コミュニケーション能力」など生徒の「能力」を基盤として成立しているものと解釈されている。

生徒と教師が、同様の「スクールカースト」現象を目の前にしながらも、生徒はそれを「権力」と感じ、教師はそれを「能力」と解釈している。

このように、生徒と教師のあいだで、いわば同床異夢の、異なる認識の経路が存在しながら、「スクールカースト」は維持されているということが、図6－1にはモデル図として描かれています。

「権力」とは、「とにかく相手に自分の言うことをきかせる力」のことですから、必ずしも正当性をともなっていないこともあります。しかし教師がとる「能力」という解釈は、地位の上下に対して、正当性の裏付けを与えるようにはたらきます。「人がその能力によって評価され、社会的な位置づけを得る」ということを、正しいこと、望ましいこととして広く強く受け入れている、社会の状況があるからです。

このように「スクールカースト」を正当化する解釈図式を供給しているという点でも、教師はその維持に密接にかかわってしまっているといえるでしょう。

本書の意義は、インタビューデータと質問紙調査データを駆使して、以上のような学校内・教室内での生徒間の「地位」現象に肉薄したことにあります。

「スクールカースト」に今現在巻き込まれてしまっている、あるいは近い過去に経験してきたばかりの、若い人たちにとっては、自分たちの生々しい経験や感覚がリアルに記述されていることによって、「ああ、自分たちがいる／いた教室の世界はこんなふうにして成り立っているんだ」とあらためて気がつき、考え直してみることに、本書はおおいに役立つでしょう。

また、教師の方たち、特に中学や高校で毎日生徒集団と接している方たちにとっても、「スクールカースト」という現象に対する生徒たちの捉え方を知ったり、自分が自明視していた考え方をはっと見直したりするきっかけを、本書は与えてくれるはずです。

さて、本書が描き出してくれた「スクールカースト」の現実を踏まえたうえで、次に考えなければならないのは、いったいそれに対してどうすればいいのか、ということです。本書の第6章でも、生徒向け、教師向け、保護者向けに、著者からの提案が示されています。

ただ、それに加えて私が思うのは、第一に、「スクールカースト」のような集団間の上下関係が最も顕在化するのが教室内であるならば、その教室の構造にこそメスを入れる必要があるのではないかということ、第二に、「スクールカースト」が顕在化するのが教室内であるとしても、自分（たち）の押しの強さや有利な立場をよいことに、他者に敬意を払わず押しつぶすようなふるまいは、日本社会のいたるところに見られるのであり、そのようなより広い社会的な素地をもっと踏み込んで問う必要があるのではないかということです。

この第一の点については、先に引用した内藤朝雄さんがこれまで繰り返し論じてこられました。前掲書でも、「学校は、生徒たちに閉鎖空間で集団生活を送らせるだけではなく、構造的に『仲良し《ベタベタ》』の強制を行う」（37頁）と記されており、それが生み出す「いじめ」への対策として「学級制度の廃止」ひいては「教育制度の廃止」を提唱しています（117～124頁）。

もちろん、学校や教室には、内藤さんが指摘するような強制性や閉鎖性といった特徴が不可避的にともなっていることは確かです。しかし、一足飛びに学級や教育の廃止に向かう前に、どのような学級において「スクールカースト」が最もひどい形で表れ、どのような学級ではそうでないかを、丹念に検証する必要があるのではないかと思います。

ここで言う「どのような」には、生徒数、生徒の特性（家庭背景や学業成績など）の分布、学校や個々の教師の学習指導・生活指導の方法・内容など、さまざまな事柄が含まれます。そうした検証を踏まえたうえで、学級制度や教育制度をこれからどのように変えてゆくことが建設的な対処となるかが考えられるべきでしょう。

回り道に思われるかもしれませんが、ただのうっぷん晴らしに終わらない実効ある対処のためには、そうした地味な作業が不可欠である場合も多いのです。

また第二の点については、第一の点よりもいっそう、検証や変革が難しくなります。でも、たとえば職場のパワーハラスメント――「ブラック企業」！――や、家庭内においてネグレクトから過干渉まで多様な形態をとる広義の「虐待」、あるいはより社会全般に広がっているさまざまな対象へのバッシング――この解説を書いている時点で特に目立つのは、生活保護を受けている方たちへのバッシングです――が生み出されるメカニズムと、教室内での「カースト」や「いじめ」との比較検討、あるいは日本と他の諸社会との比較検討が進められることで、解き明かされる事柄は多いと思われます。

これもやはり内藤朝雄さんが指摘し続けてきた「中間集団全体主義」という事柄が、どのような濃淡でもってさまざまな場所に表れているのか、そしてどうすればそれを可能な限り薄めることができるのかを、あらかじめの決めつけを排して、虚心に探っていくことが必要だと思います。


このように述べることとは、裏を返せば、本書においてもそのような作業はまだまだ不十分であると言っていることにほかなりません。本書が使用しているデータはまだ限られたものですし、研究が緒に就いたばかりであることは、著者も自覚しています。それは、第6章の第3節で、これからの課題が率直に書かれていることからもわかります。

ぜひ著者には、このテーマについての研究をこれからも進めていってもらいたいと思います。そして、この本を読まれた多くの方々にも、「人間のあいだの地位の序列なんてどこにでもあることだ」「それをなくすことはできないし、問題視する必要もない」という、往々にして見られる考え方を、どうか今一度、「ほんとうにそうなのだろうか」と考え直してみていただきたいです。

みなさんも、誰かにさげすまれたり踏みにじられたりすることなく、尊厳をもって生きたいという気持ちは持っているでしょう。

それが実現できていないならば、どうすれば少しずつでも、より「ましな」ほうに近づいてゆけるのかを、真剣に考えていただけるとうれしいです。

本書の著者の鈴木翔君は、私が教員を務めている大学院の博士課程に在籍しています。

鈴木君は自分では「キン肉マンのジェロニモ」に似ていると言っていますが、私の目からは「ピグモンをずっとイケメンにした感じ」に見えます。

鈴木君はかちこちの秀才タイプというよりは、ときにはらはらさせるようなこともしてくれるけれど、とても勘が鋭くてセンスが良いタイプの人だと思っています。学生たちをまとめたり盛り上げたりするムードメーカーであり、ティーチング・アシスタントとして後輩の指導にもとても熱心に取り組んでくれているので、第2章で触れているような「劣等感」の持ち主であったということが意外なほどです。

先にも述べたように、鈴木君のこの研究はまだ途上にあります。でも途中段階であっても、今、鈴木君の目から見えていることを世に問うてみる価値や意義は十分にあると思います。

大学院に入学してから、修士論文を書き、さらにこの本の執筆に取り組む中での鈴木君の変化や成長は、私から見ても目覚ましいものがありました。この本を読んでくださった方々からいろいろなレスポンスをいただくことにより、鈴木君がいっそうめりめりと成長を遂げていってくれることを願っています。

章扉・帯写真提供／アマナイメージズ
図表作成／デマンド

鈴木翔（すずきしょう）
1984年、秋田県生まれ。群馬大学教育学部卒業。現在、東京大学大学院教育学研究科博士課程。東京大学社会科学研究所学術支援専門職員。専門は教育社会学。主な研究テーマは中高生の交友関係。主著に「恋人の有無が中学生の意識に与える影響」（共著、『東京大学大学院教育学研究科紀要』第51巻）がある。

本田由紀（ほんだゆき）
1964年、徳島県生まれ、香川県育ち。社会学者。東京大学大学院教育学研究科教授。著書に『若者と仕事』（東京大学出版会）、『多元化する「能力」と日本社会』（NTT出版）、『「ニート」って言うな！』『希望難民ご一行様』（ともに共著、光文社新書）、『教育の職業的意義』（ちくま新書）など多数。

教室《スクール》内カースト

2012年12月20日初版1刷発行
2013年4月25日　8刷発行

著者 ── 鈴木翔　解説 本田由紀
発行者 ── 丸山弘順
装幀 ── アラン・チャン
印刷所 ── 堀内印刷
製本所 ── ナショナル製本
発行所 ── 株式会社光文社
東京都文京区音羽1-16-6（〒112-8011）
http://www.kobunsha.com/
電話 ── 編集部03（5395）8289 書籍販売部03（5395）8113
業務部03（5395）8125
メール ── sinsyo@kobunsha.com

 ISBN 978-4-334-03719-2